プリント形式のリアル過去問で本番の臨場感！

福岡県

福岡女学院中学校

2025年春受験用

解答集

本書は，実物をなるべくそのままに，プリント形式で年度ごとに収録しています。
問題用紙を教科別に分けて使うことができるので，本番さながらの演習ができます。

■ 収録内容

・解答集(この冊子です)

書籍ＩＤ番号，この問題集の使い方，最新年度実物データ，リアル過去問の活用，
解答例と解説，ご使用にあたってのお願い・ご注意，お問い合わせ

・2024(令和６)年度 ～ 2022(令和４)年度　学力検査問題

・リスニング問題音声《オンラインで聴く》　詳しくは次のページをご覧ください。

○は収録あり	年度	'24	'23	'22		
■ 問題※		○	○	○		
■ 解答用紙		○	○	○		
■ 配点						

全教科に解説があります

※英語リスニング音声は2024年度と2023年度の2年分収録
注)国語問題文非掲載:2022年度の【二】

問題文の非掲載につきまして

著作権上の都合により，本書に収録している過去入試問題の本文の一部を掲載しておりません。ご不便をおかけし，誠に申し訳ございません。

本文の一部を掲載できなかったことによる国語の演習不足を補うため，論説文および小説文の演習問題のダウンロード付録があります。弊社ウェブサイトから書籍ＩＤ番号を入力してご利用ください。

なお，問題の量，形式，難易度などの傾向が，実際の入試問題と一致しない場合があります。

教英出版

JN131885

■ 書籍ＩＤ番号

リスニング問題の音声は，教英出版ウェブサイトの「ご購入者様のページ」画面で，書籍ＩＤ番号を入力してご利用ください。

入試に役立つダウンロード付録や学校情報なども随時更新して掲載しています。

書籍ＩＤ番号　105440

（有効期限：2025年9月30日まで）

【入試に役立つダウンロード付録】

「要点のまとめ(国語／算数)」

「課題作文演習」ほか

【リスニング問題音声】

オンラインで問題の音声を聴くことができます。

有効期限までは無料で何度でも聴くことができます。

■ この問題集の使い方

年度ごとにプリント形式で収録しています。針を外して教科ごとに分けて使用します。①片側，②中央のどちらかでとじてありますので，下図を参考に，問題用紙と解答用紙に分けて準備をしましょう（解答用紙がない場合もあります）。

針を外すときは，けがをしないように十分注意してください。また，針を外すと紛失しやすくなりますので気をつけましょう。

① 片側でとじてあるもの

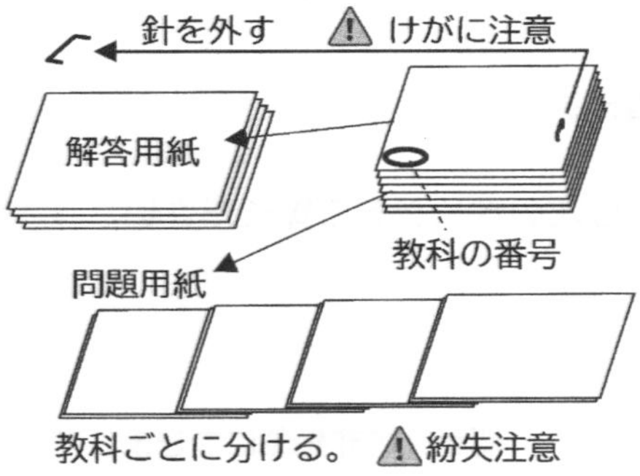

② 中央でとじてあるもの

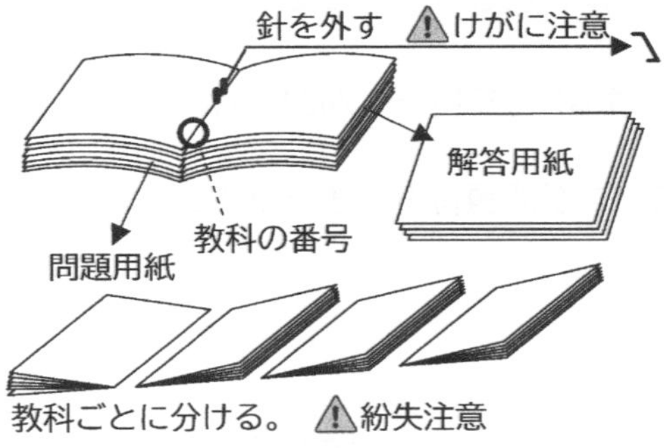

※教科数が上図と異なる場合があります。

解答用紙がない場合や，問題と一体になっている場合があります。

教科の番号は，教科ごとに分けるときの参考にしてください。

■ 最新年度 実物データ

実物をなるべくそのままに編集していますが，収録の都合上，実際の試験問題とは異なる場合があります。実物のサイズ，様式は右表で確認してください。

問題用紙	Ｂ４片面プリント
解答用紙	Ｂ４片面プリント

リアル過去問の活用

～リアル過去問なら入試本番で力を発揮することができる～

本番を体験しよう！

問題用紙の形式（縦向き / 横向き），問題の配置や余白など，実物に近い紙面構成なので本番の臨場感が味わえます。まずはパラパラとめくって眺めてみてください。「これが志望校の入試問題なんだ！」と思えば入試に向けて気持ちが高まることでしょう。

入試を知ろう！

同じ教科の過去数年分の問題紙面を並べて，見比べてみましょう。

①　問題の量

毎年同じ大問数か，年によって違うのか，また全体の問題量はどのくらいか知っておきましょう。どのくらいのスピードで解けば時間内に終わるのか，大問ひとつにかけられる時間を計算してみましょう。

②　出題分野

よく出題されている分野とそうでない分野を見つけましょう。同じような問題が過去にも出題されていることに気がつくはずです。

③　出題順序

得意な分野が毎年同じ大問番号で出題されていると分かれば，本番で取りこぼさないように先回りして解答することができるでしょう。

④　解答方法

記述式か選択式か（マークシートか），見ておきましょう。記述式なら，単位まで書く必要があるかどうか，文字数はどのくらいかなど，細かいところまでチェックしておきましょう。計算過程を書く必要があるかどうかも重要です。

⑤　問題の難易度

必ず正解したい基本問題，条件や指示の読み間違いといったケアレスミスに気をつけたい問題，後回しにしたほうがいい問題などをチェックしておきましょう。

問題を解こう！

志望校の入試傾向をつかんだら，問題を何度も解いていきましょう。ほかにも問題文の独特な言いまわしや，その学校独自の答え方を発見できることもあるでしょう。オリンピックや環境問題など，話題になった出来事を毎年出題する学校だと分かれば，日頃のニュースの見かたも変わってきます。

こうして志望校の入試傾向を知り対策を立てることこそが，過去問を解く最大の理由なのです。

実力を知ろう！

過去問を解くにあたって，得点はそれほど重要ではありません。大切なのは，志望校の過去問演習を通して，苦手な教科，苦手な分野を知ることです。苦手な教科，分野が分かったら，教科書や参考書に戻って重点的に学習する時間をつくりましょう。今の自分の実力を知れば，入試本番までの勉強の道すじが見えてきます。

試験に慣れよう！

入試では時間配分も重要です。本番で時間が足りなくなってあわてないように，リアル過去問で実戦演習をして，時間配分や出題パターンに慣れておきましょう。教科ごとに気持ちを切り替える練習もしておきましょう。

心を整えよう！

入試は誰でも緊張するものです。入試前日になったら，演習をやり尽くしたリアル過去問の表紙を眺めてみましょう。問題の内容を見る必要はもうありません。どんな形式だったかな？受験番号や氏名はどこに書くのかな？…ほんの少し見ておくだけでも，志望校の入試に向けて心の準備が整うことでしょう。

そして入試本番では，見慣れた問題紙面が緊張した心を落ち着かせてくれるはずです。

※まれに入試形式を変更する学校もありますが，条件はほかの受験生も同じです。心を整えてあせらずに問題に取りかかりましょう。

福岡女学院中学校

《国　語》

【一】問一．A．ウ　B．ア　C．イ　　問二．(空気中の)酸素／えさ／水

問三．Ⅰ．外から電池を入れ、なくなったら交換　Ⅱ．内と外とで物質のやり取り　　問四．ウ　　問五．ア

問六．組み立ててつくられるもので、生命をつないでいくものではないから。　　問七．イ　　問八．エ

【二】問一．A．ウ　B．オ　C．ア　　問二．エ　　問三．イ　　問四．ウ

問五．Ⅰ．ヒロカズさんの子ども時代の思い出を語る　Ⅱ．ヒロカズさんとの思い出にひたる

問六．ア，ウ　　問七．ぼく…エ　マコト…イ　　問八．ウ

【三】問一．①危険　②責任　③導　④もう　⑤おくがい

問二．①にんべん　②りっしんべん　③れんが〔別解〕れっか　　問三．①首　②手　　問四．①エ　②ア

《算　数》

1　(1)15　(2)46　(3)$\frac{29}{84}$　(4)$4\frac{1}{2}$　(5)3.25　(6)10

2　(1)10　(2)35　(3)960　(4)$\frac{5}{3}$　(5)84　(6)8　(7)$5\times x\div 2$

3　(1)160　(2)350

4　(1)ア．6　イ．0　(2)20，23，26，29

5　(1)2，3　(2)50　(3)4.8

6　4

7　あ．108　い．72

8　16

9　150

《英　語》

1　1．③　2．④　3．②　4．③

2　1．③　2．②　3．①　4．①

3　1．③　2．①　3．④　4．③

4　1．①　2．③

5　1．④　2．②

6　1．③　2．②　3．④　4．③　5．①

7　1．①　2．④　3．④　4．②　5．③

8　［2番目／4番目］　1．［①／②］　2．［⑤／④］　3．［③／②］　4．［⑤／④］

9　1．①　2．②

10　1．③　2．③

11　問1．②　問2．①　問3．③　問4．④

12　問1．1．①　2．①　問2．③　問3．②

《総合問題》

1　問1．(ⅰ)酸素が少なくなったから　(ⅱ)液体の名前…石灰水　気体の名前…二酸化炭素　問2．イ　問3．ウ　問4．(ⅰ)ウ　(ⅱ)電気　問5．ウ　問6．ア　問7．(ⅰ)B　(ⅱ)カ　問8．(ⅰ)イ　(ⅱ)ア　問9．ウ　問10．(ⅰ)ウ　(ⅱ)ウ　問11．(ⅰ)ウ　(ⅱ)新月　問12．エ

2　問1．あ中国　いイギリス　問2．イ→ア→ウ　問3．エ　問4．イ　問5．ア　問6．東京都　問7．(第1次)オイルショック　問8．⑴エ　⑵エ　問9．⑴ア　⑵津田梅子　問10．エ　問11．イ　問12．ア　問13．太平洋戦争のこと，広島・長崎に投下された原爆のことを学んだ。／私にとって「平和」は，みんなが争いなどをせず，人々が豊かで，幸せに暮らせるような社会のことだと思います。などから1つ

3　問1．エ　問2．しっ気　問3．書院造　問4．ウ　問5．イ　問6．石垣で家を囲ってある。／防風林を植えてある。／しっくいで屋根がわらをかためている。／一階建てが多い。などから1つ
問7．(ウ)うちわ〔別解〕扇子　(エ)風鈴／鈴虫／川の流れ／波　などから1つ　問8．ア　問9．C　(コ)63.4
問10．重ね着をする。／カーテンを引く。／じゅうたんをしく。などから1つ　問11．東日本大震災
問12．個人でも設置可能である。／屋根上のスペースなどを利用できる。／国からの補助金のサポートがある。などから1つ　問13．ア．B　イ．A　ウ．A　エ．B

《2024　国語　解説》

【一】

問三　――線②の直前で述べたロボットの「外から電池を入れ、なくなったら交換《こうかん》します」という点とおなじに見える「生きもの」の特徴《とくちょう》は、直前の段落の「外から必要なものを取り入れ、内から不要なものを出して、内と外とで物質のやり取りをして」いるということ。

問四　――線③の直前で述べた「外から取り入れたものが自分の一部になる」というつながり方をしている。このつながり方について、直前の段落で「本物の犬が、鳥肉を食べた～腸で分解されてアミノ酸～吸収され～再びタンパク質に組みかえられます～あなたが昨日食べた～あなたの体をつくるタンパク質に変わって、今あなたの一部としてはたらいています」と具体的に説明している。ここから読み取れる内容として、ウが適する。

問五　――線④は、直前で「生まれたばかりのときは小さかった～だんだん大きくなり～赤ちゃんのときと今とでは～ずいぶん変わったでしょう～生まれ、成長し、老いて、死んでゆく生きものは、１秒たりともおなじではないのです。でも、チロはチロ、あなたはあなたというように、一生を通じてつながっている」と述べたことのまとめである。ここから読み取れる内容として、アが適する。

問六　――線⑤のある段落に「ロボットはだれかが組み立ててつくったものです」とあり、そのロボットとはちがう「生きもの」について「犬は、母犬から～あなたにも、両親がいて～両親もその両親～がいたから生まれてきた～長い長い生命の歴史があったから生まれたのです」と述べていることから読み取る。

問七　最初の段落で「ロボットの犬は本物の犬とはちがいます。どこがちがうのでしょう。そのちがいを考えながら、生きものの特徴をさぐってみましょう」と述べ、具体的に比較《ひかく》しながら説明し、最後の段落で「そう考えると、自分をたいせつにすることと他をたいせつにすることはおなじことだという気持ちになりませんか。そして～とてもすてきなことに思えてきませんか」と述べていることに、イが適する。

問八　生徒エの意見は、本文の最後で「あなたは生きものです～たくさんのつながりをもっています～今日も～明日もあなたであり続ける、たった一つのかけがえのない存在です。と同時に、あなたは、あなた以外のすべてとつながっているのです。そう考えると、自分をたいせつにすることと他をたいせつにすることはおなじことだという気持ちになりませんか」と述べていることから読み取れる内容である。

【二】

問二　母親たちから「似合うわよ、かわいいじゃない」などと言われてマコトが「わたし、半パンのほうがいいっ、もう脱《ぬ》ぐっ」と言っていたこと、「お父さんが帰ってくるんだから、見せてあげなきゃ」「お父さん～喜ぶわよ、絶対」という言葉で抵抗《ていこう》するのをやめたことなどから、エのような気持ちが読み取れる。

問三　――線②の前後で「よっぽど仲が良かったんだな、パパとヒロカズさん」「あいつらのこと、ぼくはオトナになっても、あんなにたくさん話せるだろうか……」と思っていることから、イのような気持ちが読み取れる。

問四　――線③の前後で「確かに科学的に説明していったら、そんなの『なし』だよなあ」「実際には帰ってこなくても、いいじゃないか～なかなか亡くなったひとのことを思いだす時間はないけど、たまには……一年に一度ぐらいはいいよな～思いだしても」と言っていることから、ウのような理由が読み取れる。

問五Ⅰ　マコトが「おばあちゃんは、子どもの頃《ころ》のお父さんの話を聞きたがってたの。だから今日、おじさんに来てもらうことにしたの」と言い、それを聞いた「ぼく」が「パパが今日話していた思い出は、ぜんぶ、ヒロカズさんの子ども時代のものだった」と思っていることから読み取る。　Ⅱ　「ぼく」が「だから、マコトはずっと黙《だま》っていたんだ。マコトが話に加わると～おばあちゃんはヒロカズさんをひとりじめできなくなってしまう」と思っていることから読み取る。マコト自身が「いつもは～わたしとお母さんが～懐《なつ》かしがってると、おばあちゃん、話に入れないの」「だから、たまには～懐かしい思いをさせてあげたい」と言っているのも参照。

問六　――線⑥の直前に「ぼくはなにも言えない～ほかにどう言えばいいのかわからない。オレってガキだなあ、と思う～マコトはぼくの知らない悲しみを知っていて」「とても大切な悲しみ～できれば味わいたくない悲しみ～一生味わわずにいられるひとなんて、世界中どこにもいなくて……だから、ぼくもいつか～パパや、ママや、友だちと……」とあることから、アとウの内容が読み取れる。

問七　ぼく…出来事の受け止め方や会話の様子、また、おばあちゃんやマコトの心情を思いやっていることなどから、エのような人物だと言える。　マコト…「やだってば～こんなの！」「『よけいなお世話』と～言い返す」などから「勝ち気な面」もうかがえるが、「たまにはおばあちゃんにも懐かしい思いをさせてあげたい」という気持ちから「ぼく」のパパを招き、自分は話に入らずに黙っていたことから、イのような人物だと言える。

問八　アの「登場人物が次々に入れ替《か》わるが、ひとりひとりの気持ちをていねいに描《えが》く」、イの「小学生～を主人公とすることで、登場人物の思いを簡潔に描く」、エの「語り手が途中《とちゅう》で変わる」は適さない。

【三】

問三①　「首をかしげる」は、疑問に思ったり不思議に思ったりする様子。　②　「手に負《お》えない」は、自分の力では扱《あつか》いきれない、どうにもならないという意味。

問四①　「確かに」が何について説明しているのか(何が「確か」なのか)を考える。　②　「かなり」という程度が何について言っているのか(何の程度が「かなり」なのか)を考える。

《2024　算数　解説》

1　(1)　与式＝18－3＝**15**

(2)　与式＝2024÷(45－1)＝2024÷44＝**46**

(3)　与式$=\frac{2}{21}+\frac{1}{4}=\frac{8}{84}+\frac{21}{84}=\mathbf{\frac{29}{84}}$

(4)　与式$=\frac{3}{8}\div\frac{15}{10}\times18=\frac{3}{8}\times\frac{2}{3}\times18=\frac{9}{2}=\mathbf{4\frac{1}{2}}$

(5)　与式＝10.54－7.29＝**3.25**

(6)　与式＝2.5×(23－19)＝2.5×4＝**10**

2　(1)　与式より，26－2×□＝54÷9　26－2×□＝6　2×□＝26－6　2×□＝20　□＝20÷2＝**10**

(2)　時速84 kmで25分$=\frac{25}{60}$時間進むから，求める道のりは，$84\times\frac{25}{60}=$**35**(km)

(3)　求める量は1200 gの$\frac{8}{10}$だから，$1200\times\frac{8}{10}=$**960**(g)

(4)　1番目に大きな数は2で，残りの3つの数は$1\frac{1}{2}=1\frac{15}{30}$，$\frac{7}{5}=1\frac{2}{5}=1\frac{12}{30}$，$1.2=1\frac{2}{10}=1\frac{6}{30}$，$\frac{5}{3}=1\frac{2}{3}=1\frac{20}{30}$だから，2番目に大きな数は，$1\frac{20}{30}=\mathbf{\frac{5}{3}}$である。

(5)　国語，社会，理科の合計点は，72×3＝216(点)　算数を入れた4教科の合計点は，75×4＝300(点)だから，算数の点数は，300－216＝**84**(点)

(6)　円周の長さは，(直径)×3.14で求められるから，円の半径は，50.24÷3.14÷2＝**8**(cm)

(7)　ひし形の面積は，(対角線)×(対角線)÷2で求められるから，$\boldsymbol{y=5\times x\div2}$となる。

3　(1)　女子生徒と1年生の生徒数の人数の比は，9：(11＋9)＝9：20だから，1年生の生徒数は女子生徒の人数

の$\frac{20}{9}$で，$72\times\frac{20}{9}$＝**160**(人)

⑵　200枚をこえた分にかかった代金が，15万－12万＝３万(円)だから，200枚をこえた枚数は，30000÷200＝150(枚)である。よって，印刷した枚数は全部で，200＋150＝**350**(枚)

4　⑴　24は偶数だから，24÷２＝12→12は偶数だから，12÷２＝６→６は偶数だから，６÷２＝３→３は奇数だから，(３－３)÷２＝０となる。よって，24→12→ア**６**→３→イ**０**となる。

⑵　**【解き方】偶数→偶数→５，奇数→偶数→５，偶数→奇数→５，奇数→奇数→５の４パターンがあるから，それぞれの場合で，５から逆の操作をして元の整数を求める。**

偶数→偶数→５になるとき，５の前の数は５×２＝10で，10の前の数は，10×２＝**20**

奇数→偶数→５になるとき，５の前の数は10で，10の前の数は，10×２＋３＝**23**

偶数→奇数→５になるとき，５の前の数は５×２＋３＝13で，13の前の数は，13×２＝**26**

奇数→奇数→５になるとき，５の前の数は13で，13の前の数は，13×２＋３＝**29**

5　⑴　グラフより，点Ｐは12秒で１往復しているとわかるから，点Ｐの速さは，秒速(12×２÷12)㎝＝秒速**２**㎝
点Ｑは４秒で12㎝進むから，秒速(12÷４)㎝＝秒速**３**㎝である。

⑵　出発して４秒後は，ＡＰ＝２×４＝８(㎝)，ＢＱ＝12㎝だから，台形ＡＢＱＰの面積は，
(ＡＰ＋ＢＱ)×ＡＢ÷２＝(８＋12)×５÷２＝**50**(㎠)

⑶　**【解き方】ＡＰとＢＱの長さが等しくなるのは，グラフ①，②が交わるときで，ＡＢとＰＱは平行になる。**

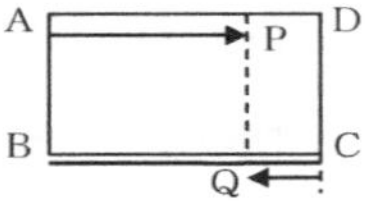

最初にＡＰ＝ＢＱとなるのは，頂点Ｃを折り返した点Ｑと頂点Ｄに向かう点Ｐが右図のような位置にあるときで，このとき，２点が出発してから進んだ長さの和が12×２＝24(㎝)になる。
点Ｐと点Ｑが１秒あたりに進む長さの和は２＋３＝５(㎝)だから，求める時間は，出発してから，24÷５＝**4.8**(秒後)である。

6　機械Ａでは上下左右を逆にした図形になり，機械Ｂでは裏返した図形になる。「い」を機械Ａに入れると２の図になり，これを機械Ｂに入れると３の図になり，さらにこれを機械Ａに入れると**４**の図になる。

7　**【解き方】正□角形の内角の和は，(□－２)×180°で求められる。**

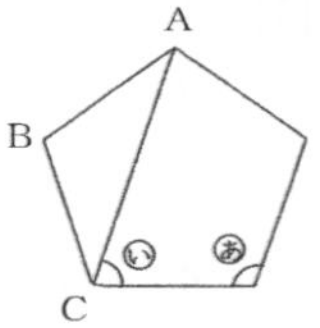

右図のように記号をおく。角あは正五角形の１つの内角だから，あ＝(５－２)×180°÷５＝**108°**
ＡＢ＝ＢＣだから三角形ＡＢＣは二等辺三角形である。角ＡＢＣ＝角あ＝108°だから，角ＢＣＡ＝(180°－108°)÷２＝36°　　よって，角い＝108°－36°＝**72°**

8　右図のように白い部分を左上に移動させる。道幅は１ｍだから，白い部分を合わせた長方形の面積は，(５－１)×(８－１×２)＝24(㎡)である。よって，斜線部分の面積は，５×８－24＝**16**(㎡)

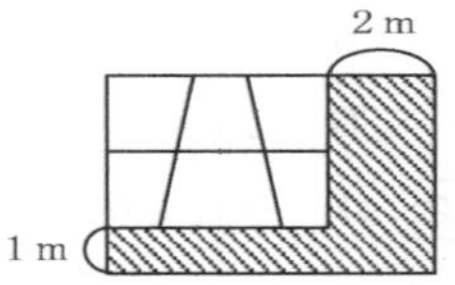

9　右図のように３つの四角柱にわけて考える。一番上の四角柱の体積は，３×３×６＝54(㎤)
真ん中の四角柱の体積は，(６－３－２)×(６－２)×６＝24(㎤)　　一番下の四角柱の体積は，２×６×６＝72(㎤)　　よって，求める立体の体積は，54＋24＋72＝**150**(㎤)

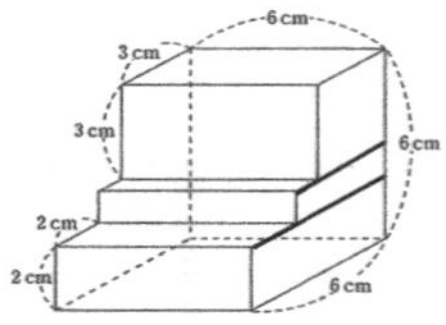

―《2024　英語　解説》―

6　１　人が主語のときには be excited「わくわくする」，ものが主語のときには be exciting「わくわくさせる」を用いる。③が適切。

２　〈命令文＋and …〉「～しなさい，そうすれば…」と〈命令文＋or …〉「～しなさい，さもないと…」は(　　)のあとの内容で使い分ける。ここでは「私たちはバスに乗りおくれるでしょう」より，②が適切。

3　help＋人＋with＋こと／もの「(人)の(こと／もの)を助ける」より，④が適切。

4　「○○で一番…」という文は〈the＋最上級＋in＋○○〉で表す。high の最上級は③の highest である。

5　〈過去進行形の文(was/were＋～ing)＋when＋過去形の文〉「…のとき～していた」の形である。①が適切。

7　1　A「もしもし，メグです。マイクをお願いします」→B「僕《ぼく》です。(　　)」より，①「どうしたの？」が適切。②「番号がまちがっています」，③「メッセージをお願いできますか？」は電話でよく使われる表現。

2　A「あなたは今日，とても眠《ねむ》そうね」→B「うん。(　　)」より，④「2時までテレビゲームをしてたんだ」が適切。

3　A「何か飲み物はいかが？」→B「はい。(　　)」より，④「お茶をお願いします」が適切。Would you like something to drink?「何か飲み物はいかがですか？」は相手に飲み物をすすめるときに用いる表現。

4　A「すみません。駅にはどうやって行きますか？」→B「(　　)」より，②「すみません，私はここの人ではないんです」が適切。I'm not from here.は道などを聞かれて，その場所の地理にくわしくないときに用いる表現。

5　A「何かお手伝いいたしましょうか？」→B「はい，私はこのシャツが気に入りました。(　　)」より，③「試着してもいいですか？」が適切。　・try ～ on「～を試着する」

8　1　He is a good tennis player.：a good tennis player の語順になることに注意。

2　How long are you going to stay here?：How long ～?「どのくらい～？」は期間をたずねる表現。

3　This town doesn't have any museums.：否定文では，some ではなく any を用いる。

4　I'll show you how to make okonomiyaki.：show＋人＋もの「(人)に(もの)を見せる」を使った文。「もの」の部分が how to make okonomiyaki「お好み焼きの作り方」になっている。　・how to ～「～する方法」

9　1　「私は空を飛び，長い間移動することができます。私に乗って美しい景色を楽しむ人もいます。でも，あまり多くの人を運ぶことはできません。空気中で上昇《じょうしょう》するには熱い空気やガスが必要です。私は何ですか？」…①「気球」が適切。

2　「私は何かをよく見るために使われます。私を通して，あなたはものをより大きく，より近くに見ることができます。あなたが私を使うとき，私を手に持つ必要はありません。あなたは目の前で私を着用します。私は丸いガラスを2枚持っています。私は何ですか？」…②「眼鏡」が適切。

10　1　「ブラウンさんは2人の子どもと一緒《いっしょ》に電気のバスに乗ります。1人は12歳《さい》で，もう1人は8歳です。いくらかかりますか？」…チラシの Fares より，6歳から12歳は2ドル，13歳以上は5ドルだから，子どもは2人とも2ドルで乗ることができる。5＋2×2＝9(ドル)より③が適切。

2　「どれが正しいですか？」　①「バスは石油やガスを使って運行しています」…チラシ上部の□の Our buses run without oil or gas.「我々のバスは石油やガスなしで走ります」より正しくない。　②「1日チケットの価格は年齢《ねんれい》によって異なります」…Day Ticket「1日チケット」より，年齢を問わず7ドルである。　③「各バス停間は10分かかります」…Timetable「時刻表」より，正しい。　④「最終バスは午後9時前にAのバス停を出発します」…Timetable より，最終バスはAのバス停を21時10分＝午後9時10分に出るので正しくない。

11　【本文の要約】参照。

問1　直前の人々は食べものにとても興味があるという話から，食べものに関するテレビ番組もとても②popular「人気がある」となる。①「正しい」，③「おくれている」，④「難しい」は不適切。

問2　there「そこで」は場所を指している。下線部(1)の前半部分「人々は大きな池を作るために多くの木を切り倒《たお》しました」より，①「池の中で」が適切。

問３　the problems behind this food「食べものの背景にある問題」より，③が適切。

問４　①×「日本では，2022年よりも1960年により多くのエビを食べていました」…本文にない内容。　②「エビを捕《と》る時に，×船は石油をあまり必要としません」　③×「人々が船を作るのに，木がたくさん必要です」…本文にない内容。　④○「インドネシアやインドでは，人々は今でも木を伐採《ばっさい》しています」

【本文の要約】

日本にはおいしい食べものがたくさんあります。和食，中華《ちゅうか》料理，アメリカ料理のような，いろいろな料理が楽しめます。人々は食べものにとても興味があり，食べものに関するテレビ番組もとても②人気があります(＝popular)。

しかし，私たちの食べものには多くの問題があることを知っていますか？エビはその一例です。今日，私たちはエビをたくさん食べます。1960年にはエビは海外からわずか625トンしか輸入されていませんでしたが，2022年には約10万トンが輸入されました。現在，これらのエビの約40%はインドネシアとインドから輸入されています。これらの国にはいくつかの大きな問題があります。

１つ目の問題は石油です。エビを捕る船は石油がたくさん必要です。エビを１トン捕るのに，約10トンの石油が必要です！

２つ目の問題は樹木です。海で十分なエビを捕まえるのは難しいです。問2①人々は大きな池を作るために多くの木を切り倒しました。そこでエビを育てたいからです。問4④インドネシアとインドでは多くの森林が失われ，今もなお，さらに多くの森林が失われつつあります。

私たちは毎日たくさんの食べものを食べることを楽しんでいます。しかし，この食べものの背景にある問題についてはよくわかっていません。私たちはこれらの問題をもっと理解しようとすることが大切です。

12　【本文の要約】参照。

問１　１「店主が話しかけてきたとき，(　　)」…第１，２段落より，①「男の子は店主の机の横に立っていました」が適切。　２「(　　)とき，男の子はお菓子《かし》をもらって喜んでいました」…第５，６段落より，①「店主がそれらをボトルから取り出した」が適切。

問２　男の子の小さい手と比べて，店主の大きい手でお菓子を取った方が③more「より多く」のお菓子がもらえる。

問３　①×「店主は机でお菓子を食べていました」…本文にない内容。　②○「男の子がお菓子を取らなかったので，店主は驚《おどろ》きました」　③「男の子は何も言わなかったので，×店主は怒《おこ》っていました」　④×「母はお菓子を買って息子にあげました」…本文にない内容。

【本文の要約】

ある日，男の子と母親が店に買い物に行きました。母親が買い物をしているとき，問1．1①彼《かれ》は店主の机の近くに立っていました。

店主は机の上にお菓子のボトルを置いていました。問1．1①彼は小さな男の子を見て，そのお菓子のボトルを手に取り，「お菓子を食べなよ」と言ました。

問3．②しかし，男の子は黙《だま》ってそこに立ち，１つもお菓子を取りませんでした。店主は驚きました。「ボトルからお菓子を取りなよ」と彼はもう一度言いましたが，男の子は今度もボトルからお菓子を取りませんでした。

母親が机のところに戻《もど》ってきたとき，これを見て息子に「ねえ，お菓子をもらったら」と言いました。その時でさえ男の子はボトルからお菓子を取りませんでした。

問1．2①男の子はお菓子を取らなかったので，店主自身がボトルからお菓子をいくつか取り出して彼に渡《わた》しました。

問1．2①男の子は今回はお菓子を受け取りました。母親がもう一度彼を見ると，彼は両手にたくさんのお菓子を持ってとても喜んでいました。

彼らが家に帰るとき，母親は息子に「あなたはボトルからお菓子を取らなかったわね。どうして？」と言いました。

男の子は無邪気《むじゃき》に「ママ，僕の手はとても小さくて，お菓子を少ししか取れないんだ。でも，お店の人が大きな手で渡してくれたから，③より多くの(＝more)お菓子が手に入ったよ！」

―《2024　総合問題　解説》―

1　**問１**（ⅱ）　割りばしが燃えると，二酸化炭素が発生する。石灰水は二酸化炭素にふれると，白くにごる性質がある。

問３　あわは水が気体になった水蒸気で，白い湯気は水蒸気が冷やされて小さい水(液体)のつぶになったものの集まりである。

問４（ⅰ）　ウ○…回路に流れる電流の向きを反対にすると，モーターは逆向きに回転する。　（ⅱ）　光電池によって，光が電気に変わり，モーターによって，電気が動きに変わる。

問５　缶の飲み口を開けるときに動かないＣが支点，指で持ち上げるＡが力点，缶のふた部分を押し下げるＤが作用点である。

問６　ア○…光を集めると，あつくなる。

問７（ⅰ）　脳や体の各部から心臓にもどってきた血液は肺に送られ，肺で二酸化炭素と酸素を交換《こうかん》する。その後再び心臓にもどり，脳や体の各部に送られる。　（ⅱ）　食後，小腸で吸収された栄養分はカ(門脈)を通って肝《かん》臓《ぞう》に送られる。

問８（ⅰ）　イ○…５℃のＡや80℃のＣではヨウ素液の色の変化がある(デンプンが残っている)が，40℃のＢではヨウ素液の色の変化がない(デンプンがなくなった)から，イが正しいとわかる。　（ⅱ）　Ｄではヨウ素液の色の変化がない(デンプンがなくなった)が，Ｅではヨウ素液の色の変化がある(デンプンが残っている)から，だ液を５℃にしても40℃にもどせばはたらくが，80℃にしてしまうと40℃にもどしてもはたらかない。

問10（ⅰ）　火山灰は水のはたらきを受けずにたい積するので，つぶは角ばっている。　（ⅱ）　ア○…地層はふつう下のものほど古い時代のものである。　イ○…でい岩はどろ，れき岩はれきがたい積してできたものである。どろとれきと砂はつぶの大きさによって分類され，つぶの大きい順にれき＞砂＞どろである。　ウ×…火山灰の層(Ｄ層)にも地層のずれ(断層という)が見られるから，地層のずれができたのは火山の噴火《ふんか》よりも後とわかる。

エ○…Ｂ層の下に不整合面があるから，Ｂ層がたい積する前に地層が海面の上に出ていることがわかる。

問11（ⅰ）　Ｃのような月は，正午ころに東の空からのぼり，夕方に南の空を通り，真夜中に西の空にしずむ。

問12　エ×…東の空の星は南の空高くへとのぼり，南の空の星は西へと動き，西の空の星はしずんでいく。北の空の星は，北極星を中心に反時計回りに動いて見える。

2　**問１**　あ＝中国　い＝イギリス　　あ．中国は，一人っ子政策によって人口増加が抑えられたが，インドは積極的な人口抑制を行わなかったため，ついに中国の人口を抜いた。い．18世紀にムガル帝国が衰えてくると，イギリス東インド会社は，インドの各地を植民地にしていった。19世紀中ごろにインドの大反乱を抑えたイギリスは，東インド会社を解散し，インドを政府の直接の支配下に置いた。1877年にはイギリス女王ヴィクトリアがインド皇帝を兼任するイギリス領インド帝国が成立し，イギリスによる統治は1947年まで続いた。

問２　イ→ア→ウ　　イ．(奈良時代)→ア．(平安時代初期)→ウ．(平安時代末期)

問３　エ　　14億人＝140000万人だから，140000×0.01＝1400(万人)

問４　イ　　インドの国民の約80％がヒンドゥー教徒である。

問５　ア　　Ｂは中華人民共和国の初代総理の周恩来である。

問6　東京都　　東京都は，14038－14010＝28(千人)＝２万８千人増えている。

問7　(第１次)オイルショック　　1973年，第４次中東戦争を受けて，産油国が原油の生産量を減らしたり，値上げをしたりしたことで，世界経済に起きた混乱を第１次石油危機という。

問8(1)　エ　　Ｇ７は，アメリカ合衆国，イギリス，フランス，イタリア，ドイツ，カナダ，日本の７か国。冷戦が終結してからロシアを加えたＧ８サミットが行われていたが，2014年にロシアがクリミアを併合したことで，ロシアがＧ８を除外され，再びＧ７となった。　(2)　エ　　東シナ海や南シナ海における中国の海洋進出に対して，深刻な懸念を表明し，力や威圧によるいかなる一方的な現状変更の試みに対しても強く反対する内容であった。

問9(1)　ア　　日本のジェンダーギャップ指数は，政治が0.057，経済が0.561，教育が0.997，健康が0.973であり，政治面における女性の進出が特に遅れている。　(2)　津田梅子　　女子英学塾(現在の津田塾大学)を創設した津田梅子は，2024年７月から発行される五千円紙幣の肖像に使われている。

問10　エ　　平清盛が活躍したのは12世紀中頃から後半にかけてである。アは14世紀前半，イは16世紀中頃，ウは８世紀前半。

問11　イ　　アは九州地方南部，ウは東北地方南部，エは九州地方北東部を支配していた。

問12　ア　　農地改革は，太平洋戦争後の1940年代後半(昭和時代)に行われた。

問13　学習内容を思い出してみよう。争いをなくすためには，他の人の考え方や文化を尊重することが重要である。

3 **問1**　エ　　熊本県の八代平野などで「い草」の栽培がさかんである。

問2　湿気　　直前の「日本は温暖で雨が多い気候」から考える。

問3　書院造　　写真は，銀閣と同じ敷地にある東求堂同仁斎である。

問4　ウ　　銀閣を建てたのは，室町幕府第８代将軍足利義政である。藤原道長は平安時代，藤原氏による摂関政治全盛期を迎えたときの摂政。藤原頼通は，道長の息子で，平等院鳳凰堂を建てた摂政・関白。足利義満は，室町幕府第３代将軍で，南北朝の合一，金閣の建立，日明貿易(勘合貿易)の開始などを行った。

問5　イ　　安土桃山時代に出雲の阿国によって始められたかぶき踊りが，江戸時代になって男性が舞う歌舞伎に変わっていった。

問8　ア　　イ．誤り。すだれは日射しと熱を遮るために，窓の外側につるす。ウ．誤り。小さい屋根は，太陽高度の高い南側の窓に取り付けた方が，日中の日射しを遮ることができる。

問9　C　(コ)63.4％　　電気・ガス・他の光熱は，夏より冬の方が多くの費用がかかっていることから，暖房や給湯により多くのエネルギーを使っていることが読み取れる。暖房・給湯・ちゅう房(台所)のエネルギー消費割合の和は，25.1＋27.6＋10.7＝63.4(％)

問11　東日本大震災　　2011年３月11日に，東北地方太平洋側を中心に東日本大震災が発生した。

問12　地熱発電や風力発電は大きな設備を必要とするが，小型の太陽光パネルは，各家庭で設置することができる。また，国の補助金があったり，発電した電力を売ったりすることで，設備投資の費用を抑えることもできる。

問13　ア＝B　イ＝A　ウ＝A　エ＝B　　ア．照明・カーテンレール・壁の上部など，上の部分のふき掃除から始め，上から落ちたほこりを最後に集める。イ．掃除機を畳の目と反対方向にかけると，ほこりが目につまったり，畳を傷めたりすることがある。ウ．順手と逆手で持つたてしぼりの方が，順手と順手で持つよこしぼりより，手首や腕の力を上手に使うことができて，しっかりとしぼることができる。エ．晴れた日に窓ふきをすると，すぐに乾いて拭いたあとが残りやすくなる。また，曇りの日の方が窓の汚れが湿気を吸収して落ちやすくなっている。

2023 解答例 令和5年度　福岡女学院中学校

《国　語》

【一】問一．A．エ　B．イ　C．ウ　問二．㋑ア　㋺ウ　問三．㋩ウ　㋥イ　問四．Ⅰ．狭い世界
Ⅱ．行動範囲　問五．知識を得ることで選択肢が増え、目的に応じて選べるという意味。
問六．生まれ育った場所で仕事に従事して一生を終えること。　問七．エ　問八．ウ　問九．エ

【二】問一．A．イ　B．エ　C．ウ　問二．ウ　問三．自分の走る順番が近づいてきて、緊張している様子。
問四．イ　問五．ア　問六．エ　問七．エ　問八．自分が個人戦以上の走りができたのは、仲間達が必死でバトンをつないでくれたからだと思っていたから。　問九．ウ

【三】問一．①制限　②提出　③働　④ぞうきばやし　⑤ね　問二．イ　問三．①ウ　②ア
問四．①うかがう　②おっしゃる

《算　数》

1　(1)26　(2)2　(3)1　(4)$\frac{43}{70}$　(5)4.66　(6)1500

2　(1)17　(2)10　(3)1400　(4)1，2，3，4，6，9，12，18，36　(5)6　(6)78.5　(7)$15 \times x$

3　(1)18　(2)570

4　(1)9　(2)9，12，13，15

5　(1)80　(2)720　(3)11

6　㋐60°　㋑66°

7　17

8　(1)320　(2)600

9　18.5

《英　語》

1　1．②　2．③　3．④　4．②

2　1．①　2．②　3．③　4．④

3　1．②　2．③　3．④　4．①

4　1．④　2．②

5　1．③　2．③

6　1．①　2．③　3．②　4．③　5．④

7　1．①　2．②　3．④　4．①　5．③

8　［2番目／4番目］　1．［③／④］　2．［①／⑤］　3．［③／⑤］　4．［④／③］

9　1．①　2．③

10　1．②　2．①

11　問1．④　問2．④　問3．③　問4．①

12　問1．1．②　2．④　問2．③　問3．④

《総合問題》

1 問1．(1)ア．光合成　イ．デンプン　ウ．消化液　(2)食物連さ　(3)①，②，④　(4)ウ，オ　(5)エ　問2．(1)ア　(2)イ　(3)(ｉ)エ　(ⅱ)ア　(4)ウ　(5)エ　問3．(1)0　(2)エ　(3)ウ　問4．(1)ウ　(2)ミョウバン　(3)オ
問5．(1)(a)東　(b)南　(c)西　(2)結露　(3)土のつぶは細かくゆっくりしみこむが，砂のつぶは大きく水がしみこみやすいため。　(4)(ｉ)ダム〔別解〕貯水池　(ⅱ)イ　(ⅲ)ウ　(ⅳ)目

2 問1．あ2　い6　問2．①ウ　②ア　③イ　問3．うオ　えエ　おカ　問4．エ　問5．ウ
問6．Ⅰア　Ⅱエ　問7．明治維新　問8．77　問9．①イ　②イ　③ア　問10．関税自主権
問11．ウ　問12．平清盛

3 問1．ア　問2．83　問3．イ，エ　問4．(1)イ　(2)ア　(3)ア　問5．ウ　問6．イ　問7．38
問8．⑧米　⑨畜産物　⑩油脂類（⑨と⑩は順不同）　⑪1人当たり農地面積　⑫人口　⑬森林面積率　問9．エ
問10．地産地消。／地元でとれたものを積極的に食べる。／国内産のものを食べる。／輸入食材を選ばない。／食べ残しをしない。／家庭菜園を行う。　などから1つ　問11．とうじ　問12．ウ

《2023 国語 解説》

【一】

問四 [Ⅰ] に続く「～で生きていた人間が、新たな道を知ったことで」と、[Ⅱ] に続く「～が広がった」と似ている表現を文章中から探すと見つけやすい。７行前の「人々はいままで狭《せま》い世界の中に閉じ込《こ》められていたけれども、その道を知ったことによって」と、４行前の「行動範囲《はんい》が広がっていきます」に着目する。

問五 「～での自由を手に入れるため」と続くので、――線②の直前の「自由」について述べられた部分に着目する。「選択肢《せんたくし》が増え、目的に応じて選べることを『自由』と言います」とある。また、「選択肢が増え」るのは、「知識を得ること」による。これらをまとめる。

問六 「それ」は、１行前の「多くの人が生まれ育った村で農業に従事し、そこで死んでいきました」を差す。これは、例にあげた「農業」だけではなく、生まれ育った場所でなんらかの仕事に従事して一生を終えることが当たり前だったということである。

問七 直前の二文「今は世の中がどんどん広がって、地球規模のことを頭に置かなければ、生きていけなくなっています。もはや生まれた村で生き、そこで死んでいく時代ではありません」にあてはまるエが適する。

問八 ア.「知る」方法として「近所の人とのコミュニケーションを第一に考え」るとは述べられていない。　イ.「若い人の間で何が流行しているのか」を知って行動することが必要だとは述べられていない。　ウ.「目的に応じて、たくさんの選択肢から最良のものを選べ」ることが「自由を手に入れる」ことにつながり、自分や自分の生活を守ることになるため、適する。　エ.「歴史的に日本人がどのようにして暮らしてきたか」を知ることが必要だとは述べられていない。

問九 「赤ちゃん」の具体例をあげて説明している部分もあり、「具体例は全て筆者の体験が基《もと》になっていて」はふさわしくない。よってエが正解。

【二】

問二 ア.「部長は、お前よりタイム遅《おそ》くても俺《おれ》に回ってきた」と長谷川が言っているので、「本気を出せば自分より速く走れる長谷川」は適さない。　イ.「『いよいよだな』横に立った長谷川が言う」とあるので、「だれも声をかけてくれない」は適さない。　ウ.「緊張《きんちょう》が増してくる。今更《いまさら》だけど、確認《かくにん》してみたくなった」とあり、適する。　エ.「自分がリレーの最初に走った方が、好成績につながるのではないだろうか」という気持ちは文章中にない。

問三 「あっという間に(第三走者の)長谷川までバトンをつないだ」「順番が近づいてくる」より、自分の走る順番が近づいてきて、緊張している様子を表しているのが分かる。

問四 「体を斜《なな》めにそらしたまま、転びかける一歩手前で踏《ふ》みとどまっているように見えた」「あいつがまだ諦《あきら》めていないことがわかった。歯を食いしばって、足でグラウンドを精一杯《せいいっぱい》蹴《け》って、俺に向かって駆《か》けてくる」「長谷川はそこから猛烈《もうれつ》な勢いで立て直そうとしている。決意が感じられた。あいつは、俺に懸《か》けてる。覚悟《かくご》ができた。誰《だれ》にも頼らず、俺がやらなければダメなんだと」より、イが適する。

問五 「周囲の音が何も聞こえなくなる瞬間《しゅんかん》がやってきた」「ただひたすらに風を切る。意識したわけでもないのに、体はぶれもせず、自由に軽く動いた。走ることしか、考えなかった」「どうして百メートルしかないんだろう。もっと、もっと、走れる。必死な長谷川の顔や、声を張り上げる部員の顔や、そういうのが全部頭の中で声が出ない画面のように流れる」より、アが適する。

問六　直前の「美晴や、それに長谷川が駆け寄ってくる～うちがトップだってことが理解できて」より、「仲間たちの言動から、自分のチームが勝利したということが分か」ったことが読み取れる。また、「力がゆるんでいく」のは、「アンカーとしての役割を果たせたと安心」したからである。よって、エが適する。

問七　三位でバトンを受けた長谷川が走っている時に、一位だった選手が倒れて、長谷川もコースアウトしかけた。「よろけた長谷川の横を、次々と別の走者が追い抜《ぬ》いていく」というハプニングがあった。この「不利な状《じょう》況《きょう》から」朋彦《ともひこ》の走りで勝利した。それに感動した長谷川は「よくやった、朋彦」と言いながら涙《なみだ》をこらえ、顔も目も真っ赤になっていたのだ。よって、エが適する。

問八　美晴の言った「アンカーで走ったタイム、さっき、個人で走った百のタイム、超《こ》えてるって」から、朋彦が個人戦以上の走りができたことが分かる。また、朋彦が「今のリレーの走りは、自分一人だけじゃ絶対にできなかった」と感じているように、仲間たちのおかげだと感謝していることが分かる。

問九　ア.「一文の中で同じ調子の言葉をくり返し」てはいない。　イ.「それぞれの場面が、その中心となるそれぞれの人物の視点で描《えが》かれて」はいない。朋彦の視点で描かれている。　ウ. この文章の特徴《とくちょう》にあてはまる。エ.「自分で言うか？普通、それ」「気にするようなヤツじゃないよ、悠は」など、倒置《とうち》は複数見られるものの、会話文のくり返しや比喩《ひゆ》は用いられていない。

《2023　算数　解説》

1
(1)　与式＝4＋22＝26

(2)　与式＝(30－14)÷8＝16÷8＝2

(3)　与式＝$\frac{5}{6}\times\frac{3}{2}-\frac{1}{4}=\frac{5}{4}-\frac{1}{4}=\frac{4}{4}=1$

(4)　与式＝$\frac{2}{5}+\frac{2}{7}\div\frac{4}{3}=\frac{2}{5}+\frac{2}{7}\times\frac{3}{4}=\frac{2}{5}+\frac{3}{14}=\frac{28}{70}+\frac{15}{70}=\frac{43}{70}$

(5)　与式＝6.08－1.42＝4.66

(6)　与式＝12.5×13×8×2－2.5×11×4×10＝100×26－10×11×10＝100×26－100×11＝100×(26－11)＝100×15＝1500

2
(1)　(47－2×□)×2－11＝15　　(47－2×□)×2＝15＋11　　47－2×□＝26÷2　　2×□＝47－13　　□＝34÷2＝17

(2)　48分＝$\frac{48}{60}$時間＝$\frac{4}{5}$時間で8㎞進むから，8÷$\frac{4}{5}$＝10より，時速10㎞となる。

(3)　**【解き方】8400円を5：7に分けるとき，2人の金額の差は元の金額の$\frac{7-5}{7+5}=\frac{2}{12}=\frac{1}{6}$となる。**
2人の金額の差は，8400×$\frac{1}{6}$＝1400(円)

(4)　積が36になる2つの数をセットで考える。36の約数は，1と36，2と18，3と12，4と9，6である。

(5)　**【解き方】2つのさいころを投げたとき，出た目の数の和は6＋6＝12が最大なので，出た目の数の和が6の倍数になるのは，6または12が出たときである。**
和が6になるのは，(大，小)＝(1，5)(2，4)(3，3)(4，2)(5，1)の5通り，和が12になるのは，(6，6)の1通りだから，全部で，5＋1＝6(通り)

(6)　円の面積は(半径)×(半径)×(円周率)で求められるから，5×5×3.14＝78.5(㎠)

(7)　角柱の体積は，(底面積)×(高さ)で求められるので，$y=15\times x$

3
(1)　**【解き方】3人の年れいの平均が14才なので，年れいの合計は14×3＝42(才)である。**

妹はＡさんより４才年下で，兄は妹より８才年上なので，Ａさんと兄の年れいの差は８－４＝４(才)である。
よって，妹，Ａさん，兄はこの順に４才ずつ年が離《はな》れているのだから３人の年れいの和はＡさんの年れいの３倍と等しくなる。よって，Ａさんの年れいは42÷３＝14(才)となるので，兄の年れいは，14＋４＝18(才)

⑵　【解き方】(元々持っていた金額)＋(おこづかい)－(箱の値段)が840の倍数である。
2000－50＝1950(円)だから，840円の商品をいくつか買った金額は，1950円より大きく，1950＋1000＝2950(円)より小さくなる。この条件にあう840の倍数は，840×３＝2520だから，もらったおこづかいは，
2520＋50－2000＝570(円)

4　**⑴　【解き方】「10以下の数のうち，３の倍数であり，４で割ると余りが１になる数」を求めればよい。**
10以下の３の倍数は３，６，９である。また，３÷４＝０余り３，６÷４＝１余り２，９÷４＝２余り１だから，求める数は９となる。

⑵　【解き方】ＡさんまたはＢさんが間違っていて残り２人が正しいときについて，⑴と同様に考える。
Ａさんが間違っていて，ＢさんとＣさんが正しいとき，「11から15までの整数のうち，３の倍数ではなく，４で割ると余りが１になる数」を求めればよい。11から15までの整数で３の倍数でない数は，11，13，14である。
11÷４＝２余り３，13÷４＝３余り１，14÷４＝３余り２だから，引いたカードの数は13である。
Ｂさんが間違っていて，ＡさんとＣさんが正しいとき，「11から15までの整数のうち，３の倍数であり，４で割っても余りが１にならない数」を求めればよい。11から15までの整数で３の倍数は12，15である。
12÷４＝３余り０，15÷４＝３余り３だから，引いたカードの数は12または15である。
⑴もあわせて考えると，引いたカードとして考えられるものは，９，12，13，15となる。

5　**【解き方】グラフの傾《かたむ》きかたが変わった(グラフが折れた)時間に何が起きたのかを考える。Ａさんが出発して15分までは学校に向かって歩いている。15分から17分までは２人の間の距離《きょり》がちぢまったので，Ａさんが道を引き返している。17分から21分まではさらにグラフの傾きかたが急になったので，お母さんが自転車でＡさんを追いかけている。21分後に２人の間の距離が０になったので，２人が出会った。**

⑴　右グラフより，Ａさんは1200ｍを15分で歩いているので，
1200÷15＝80より，分速80ｍとなる。

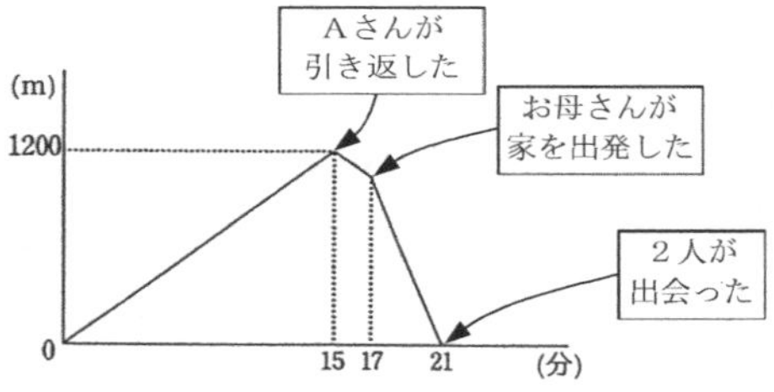

⑵　【解き方】Ａさんが引き返してからお母さんに出会うまでに歩いた時間は，21－15＝６(分間)である。
Ａさんは引き返してから，80×６＝480(ｍ)歩いたから，お母さんがＡさんに追いついたのは，家から1200－480＝720(ｍ)の場所である。

⑶　【解き方】Ａさんがお母さんと出会ってから学校に着くまで，２＋８＝10(分)かかっているので，出発してから学校に着くまでに21＋10＝31(分)かかったことになる。
Ａさんが忘れ物をせずに学校に向かった場合，1600ｍの道のりを分速80ｍで移動するから，1600÷80＝20(分)で着く。よって，忘れ物をせずに学校に行った場合より，31－20＝11(分)遅く学校に着いた。

6　**【解き方】正ｎ角形の１つの内角の大きさは，$\dfrac{180^\circ \times (n-2)}{n}$で求められる。**
右図のように記号をおく。三角形ＡＢＣは正三角形なので，㋐は60°である。

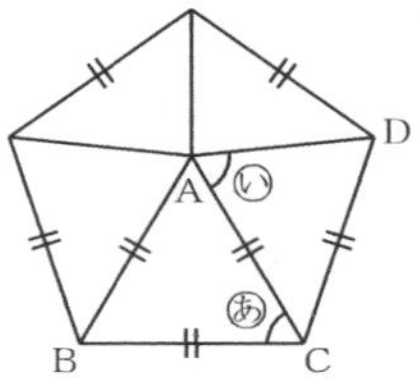

正五角形の１つの内角は，$\dfrac{180^\circ \times (5-2)}{5}$＝108°だから，角ＢＣＤ＝108°
三角形ＡＣＤは二等辺三角形で，角ＡＣＤ＝108°－60°＝48°だから，

(い) $=\dfrac{180^\circ-48^\circ}{2}=66^\circ$

7 **【解き方】右図のように分けて考えると数えやすい。**

使用した立方体の個数は右図より，２＋６＋９＝17(個)

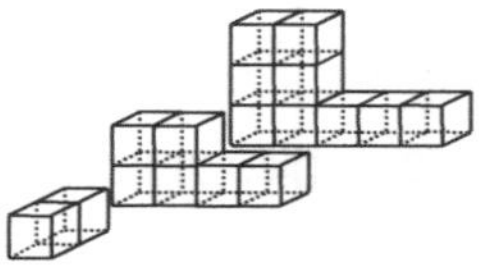

8 ⑴ **【解き方】底面積が 40 ㎠，高さが８cmの円柱の体積を求めればよい。**

求める体積は，40×８＝320(㎤)となる。

⑵ **【解き方】図３で水が入っていない部分の高さは 20－13＝７(cm)である。**

水が入っていない部分の体積は，40×７＝280(㎤)　　よって，容器の体積は，320＋280＝600(㎤)

9 **【解き方】右図のように補助線を引き，中心の長方形(うすい色つき部分)と，それ以外の４つの長方形に分けて考える。長方形の面積は対角線によって２等分されることを利用する。**

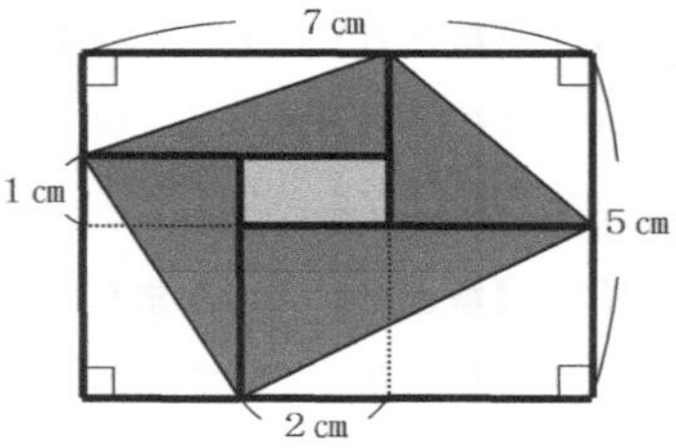

うすい色つきの長方形の面積は，１×２＝２(㎠)

うすい色つきの長方形以外の４つの長方形の面積の和は，７×５－２＝33(㎠)

この面積の$\frac{1}{2}$が，こい色つきの４つの直角三角形の面積の和であり，その値《あたい》は，

33÷２＝16.5(㎠)　　よって，求める面積は，２＋16.5＝18.5(㎠)

《2023　英語　解説》

6 1 「手紙を送るために(　　)に行く」より，①「郵便局」が適切。②「レストラン」，③「体育館」，④「学校」は不適切。

2 finish ~ing「～し終える」より，~ing 形の③が適切。

3 There is/are ~.「～がある」の文の be 動詞は直後の名詞に合わせる。ここでは，be 動詞の直後の名詞が two cats(＝複数形)だから，②が適切。

4 (　　)の直前に the があるから，最上級の文〈the＋最上級〉にする。long の最上級である③が適切。

5 文末の now より，「今～している」を表す現在進行形〈be 動詞＋~ing〉の文にする。④が適切。

7 1 A「お茶のおかわりはいかがですか？」→B「(　　)十分にいただいたのでもう結構です」より，①「いいえ，結構です」が適切。Will you have~?「～はいかがですか？」の提案の文には Yes, Please.や No, thank you.で答える。

2 A「あなたはどこでミクと彼女の弟を見かけたの？」→B「(　　)を図書館で見かけたよ」より，(　　)には Miku and her brother の代名詞である them「彼ら」が適切。

3 A「すみません。駅までの道を教えてくれませんか？」→B「(　　)あの女性に聞いてください」より，④「すみません。よく知りません」が適切。

4 A「運動会はどうだった，エイミー？」→B「(　　)スポーツは得意ではないけど楽しかったよ」より，①「おもしろかったよ」が適切。How was ~?「～はどうでしたか？」は感想をたずねる表現。

5 A「こんにちは，ケン。明日買い物に行かない？」→B「ごめん，行けないんだ。(　　)」より，③「やることがたくさんあるよ」が適切。Shall we ~?「～しましょうか？」は一緒に何かをしようと誘う表現。

8 1 What do you want to be?：What のあとは疑問文の語順にする。　「～になりたい」＝want to be ～

2 I will play the violin this afternoon.：未来のことは〈will＋動詞の原形〉で表す。　「(楽器)を弾く」＝play the＋楽器

3 Is Ken a member of the baseball team?：「～のメンバー」＝a member of ～

4 He can run as fast as you.：「～することができる」＝can＋動詞の原形　「～と同じくらい…」＝as … as ～

9　1　「天気が悪いときに私を使う人もいます。彼らの足はぬれることはありません。人々は雨の日に私を２足はきます。私は何でしょう？」より，①「レインシューズ」が適切。

2　「私の仕事は主に午前中にあります。私は大きな音を出すので，たくさんの人が私をきらっています。目覚めるために私を使う人もいます。私は何でしょう？」より，③「目覚まし時計」が適切。

10　1　「田中さんは２人の子どもたちと『The Aquamarine』を訪れる予定です。一人は 13 歳，もう一人は８歳です。いくらになりますか？」…チラシの下の方の Entrance fee 参照。20《田中さん》＋15《13歳の子ども》＋10《8歳の子ども》＝45(ドル)より，②が適切。

2　「どれが正しいですか？」…①○「週末にペンギンにさわることができます」…Kingdom Of Ice「氷の王国」参照。「ペンギンにエサをあげたり，触ったりして楽しむことができます」とある。　②×「オンラインでチケットを買うことはできません」…チラシの一番下に「★チケットはオンラインでも買えます！」とある。　③×「1回目のイルカショーは午前 10 時 30 分に始まります」…Dolphin Show「イルカショー」参照。1回目は 11 時に始まる。　④×「『The Aquamarine』は夜も開いています」…Opening hours「開館時間」参照。夕方５時に閉館する。

11　【本文の要約】参照。

問1　その後，トリーシャはオンラインでのいじめをなくすためのアプリを作ったという流れから判断する。

問2　同じ文の前半の主語である，④の the writers が適切。

問3　直後に「彼らの多くは悪いメッセージを送る前に気が変わります」とある。これは，アプリの問いかけを受けて，子どもたちがその内容のメッセージを送ってよいかどうか考え直したということだから，③が適切。

問4　「トリーシャは(　　)ReThink を作りました」…第２段落参照。オンラインでのいじめで亡くなった少女のニュースを読んだトリーシャは，それを止めるために行動を起こしたから，①「オンラインでのいじめを止めるために」が適切。②「悪い言葉を書くために」，③「良いメッセージを送るために」，④「人々にいじめについて伝えるために」は不適切。

【本文の要約】

2013 年のことです。トリーシャは 13 歳でした。彼女はアメリカに住んでいました。ある日，彼女は学校から帰ってきました。彼女はニュース記事を読みました。11 歳の女の子の話でした。その少女はインターネット上でいじめられたせいで死んでしまいました。

「私は驚き，④怒り(＝angry)を感じました」とトリーシャは言います。問4①「これを止めるために何かをしなければ」トリーシャも以前，オンラインでいじめられていました。

オンラインでのいじめは大きな問題です。子どもの約 40%がオンラインでいじめられています。約 70%の学生がオンラインでのいじめをよく目にします。

後にトリーシャは ReThink というアプリを作りました。それは SNS メッセージをチェックし，悪い言葉を探します。書き手はメッセージを送信する前に，もう一度考える機会を与えられます。

悪い言葉を送ろうとすると，ReThink は「これらの言葉を良い言葉に変えましょう」と言います。または，「本当にこの悪いメッセージを送信したいですか?」とたずねます。

ReThink はすべての悪い単語を見つけることができないという点で，完璧ではありません。ただし，多くの場合，十代の子どもたちに２回目のチャンスを与えます。彼らの多くは悪いメッセージを送る前に気が変わります。十代の子どもの 93%がそれらを変更します。

トリーシャは，人々が世界中で ReThink を使用することを望んでいます。彼女はプログラムを他の言語で作成する計画を立てています。

彼女は「すべてのオンラインでのいじめを止めたいんです」と言っています。

12　【本文の要約】参照。

問１　１　「(　　)ので，『クロ！クロ！』と佐藤さん夫妻は呼びかけました」…第１段落より，②「クロが家に帰っていなかった」が適切。

２　「クロは北島から南島まで(　　)泳ぎました」…最後の段落より，④「クロの彼女のココに会うために」が適切。

問３　①「クロは×夜おそくに出かけ，朝早く帰ってきた」…朝出かけて夜おそくに帰ってきた。　②「佐藤さん×夫妻はクロの後をつけたが×見失ってしまった」…後をつけたのは夫のみ。また，見失っていない。　③「佐藤さんはクロと一緒に南島まで泳いだ」…佐藤さんはボートで南島へ行った。　④○「クロは以前南島に住んでいた」

【本文の要約】

問１.１②「クロ！クロ！」佐藤さん夫妻は呼びかけました。彼らの犬のクロは家に帰っていませんでした。佐藤さん夫妻は北島に住んでいました。

夕方，佐藤さん夫妻は玄関で物音を耳にしました。クロでした。彼はびしょぬれでふるえていました。

数日後，クロはまたいなくなりました。彼は朝出かけて，夜おそく帰ってきました。戻ってきた時，彼はびしょぬれでふるえていました。

佐藤さんは「クロはどこに③行く(＝go)んだろう？」と思いました。

ある朝，佐藤さんはクロの後をつけました。クロは浜辺に向かって歩いていきました。彼は水に飛び込み，泳ぎ始めました。佐藤さんはボートに飛び乗って後を追いました。クロは３キロ泳ぎました。クロは疲れると岩によじ登って休みました。

クロは３時間泳いで南島に着きました。彼は浜辺を歩いていきました。佐藤さんは彼の後をつけました。クロはとある家の方に歩いていきました。家の前で犬が待っていました。クロはその犬にかけ寄り，二匹は遊び始めました。犬の名前はココでした。ココはクロの彼女でした。

問３④クロと佐藤さんの家族は以前，南島に住んでいました。彼らは去年の夏，北島に引っ越しました。問１.２④そこで，クロは佐藤さんの家族と北島で暮らし，ココを訪ねて南島まで泳いでいたのでした。

《2023　総合問題　解説》

1　問１(1)　光合成では，根から吸い上げた水と空気中からとりこんだ二酸化炭素を材料に，デンプンと酸素を作る。デンプンは，だ液，すい液などの消化液によって最終的にブドウ糖に変化し，小腸で吸収される。

(3)　モズの数が減少すると，モズに食べられるバッタの数が増加する。バッタの数が増加すると，バッタに食べられる牧草やトウモロコシの数が減少するだけでなく，牧草を食べる牛やトウモロコシを食べる鶏《にわとり》に関わる食品の入手も難しくなる可能性がる。　(4)　ウ×…はいた空気にふくまれる気体の割合は，ちっ素がおよそ80%，酸素がおよそ15%，二酸化炭素がおよそ４%である。　オ×…こん虫のあしは，胸部に６本ついている。

(5)　Ⓐではめしべの先に花粉をつけ，Ⓑではめしべの先に花粉がつかないようにしているので，この実験は花粉がつくことで種子ができることを調べる実験である。

問２(1)　糸で結んだところを支点としたてことして考える。てこをかたむけるはたらき〔ものの重さ×支点からの距離《きょり》〕が左右で等しくなるときにつり合う。針金の右半分を折り曲げると，支点の右側の針金の重さは変わらず，支点から針金の重さがかかる点までの距離が短くなるので，てこを右にかたむけるはたらきが小さくなる。よって，左が下がる。　(2)　ふりこが１往復する時間はふりこの長さによって決まり，ふりこの長さが長いほど１往復の時間も長くなる。くぎに引っかかってからはふりこの長さが短くなるので，１往復するのにかかる時間は右の方が短い。　(3)(ⅰ)　図３のように豆電球とＬＥＤを並列につないでも，図１，図２のときと豆電球やＬＥＤに流れる電流の大きさが変わらないので，ＬＥＤや豆電球の明るさも変わらない。　(ⅱ)　図４のように豆電球とＬＥＤを直列につなぐと，それぞれに流れる電流は図３のときよりも小さくなるので，それぞれの明るさは図３のときよりも暗くなるが，電池は図３のときよりも長持ちする。　(4)　カーブミラーでは，左右が反対の像が見えるので，左車線を走っていて右ウインカーを出しているとき，右車線を走っていて左ウインカーを出しているように見える。　(5)　エ×…図より，方位磁針のＳ極を引き寄せている鉄くぎの先のとがった方がＮ極，頭の方がＳ極になっている。

問３(1)　10℃の水を冷やしていくと，０℃で氷になり始め，すべて氷になるまでは温度が０℃のまま一定になる。

(2)　物質はふつう液体から固体になると体積が減少するが，水は例外で氷になると体積が増加する。また，物質の状態が変わっても，物質の重さは変わらない。　(3)　０℃で温度が一定になっている間は，固体の氷と液体の水が混じっている。

問４(1)　ウ×…水よう液を熱して水を蒸発させる実験を行っていないので，この実験からはわからない。

(2)　温度を下げると水にとける量が少なくなる物質は，結しょうを作るのに適している。実験１と実験３の結果を比べると，食塩は水の温度によってとける量に変化はないが，ミョウバンは温度を上げるととける量が増える(温度を下げるととける量が減る)ことがわかる。　(3)　20－11.4＝8.6(ｇ)

問５(1)　太陽は東の地平線からのぼり，南の空を通って，西の地平線にしずむので，ａが東，ｂが南，ｃが西である。　(3)　れき(直径２㎜以上)，砂(直径 0.06 ㎜～２㎜)，どろ(直径 0.06 ㎜以下)はつぶの大きさで区別する。土にはどろが多くふくまれており，水がしみこみにくいが，砂はつぶが大きいので，水がしみこみやすい。

(4)(ⅱ)　アは警かいレベル１，イは警かいレベル３，ウは警かいレベル４，エは警かいレベル５，オは警かいレベル２の住民の行動である。　(ⅲ)　台風は日本の南海上で発生し，はじめは西に進み，しだいに進路を北東に変えながら日本に近づくことが多い。

2　問１　あ＝２　い＝６　(輸出総額)－(輸入総額)＝３兆 4733 億円－１兆 5571 億円＝１兆 9162 億円
博多港の輸出入総額は，３兆 2300 億 59 百万円＋１兆 971 億 41 百万円＝４兆 3272 億円，福岡空港の輸出入総額は，2432 億 73 百万円＋4599 億 35 百万円＝7032 億８百万円だから，43272÷7032＝6.15…より，約６倍である。

問２　①＝ウ　②＝ア　③＝イ　船舶輸送と航空機輸送の良い点・悪い点を確認しておこう。

問３　う＝オ　え＝エ　お＝カ　航空機輸送は，小型軽量で単価が高い商品の輸送に適している。

問４　エ　博多駅 - 武雄温泉駅間は在来線特急列車が運行し，同じホームで新幹線に乗り換えて長崎駅までいく。

問５　ウ　有明海沿岸とあることから，干潟と判断する。

問６　Ⅰ＝ア　Ⅱ＝エ　日露戦争は，アメリカのＴ・ローズベルト大統領の仲介によって，ポーツマス条約を結んで終結した。下関条約は日清戦争，ベルサイユ条約は第一次世界大戦，サンフランシスコ平和条約は太平洋戦争の講和条約である。

問８　77　1945－1868＝2022－1945＝77(年間)

問９　①＝イ　②＝イ　③＝ア　君主権の強いドイツの憲法を学んだ伊藤博文は，初代内閣総理大臣に就任し，憲法の草案作りを行った。その後，内閣総理大臣の職をはなれ，初代枢密院議長，初代貴族院議長を歴任した。
大日本帝国憲法における主権は天皇にあり，日本国憲法における主権は国民にある。

問10　関税自主権　外務大臣の小村寿太郎によって，アメリカとの間で関税自主権の回復に成功した。

問11　ウ　　三種の神器が白黒テレビ・電気洗濯機・電気冷蔵庫，新三種の神器（３Ｃ）がクーラー・自動車・カラーテレビである。

問12　平清盛　　保元の乱・平治の乱に連勝した平清盛は，武士として初めて太政大臣の職に就いた。

3　**問１**　ア　　炭水化物は主食となるものに多く含まれる。イとウはタンパク質，エはビタミンが豊富である。

問２　83%　　100÷120×100＝83.3…より，上から２桁のがい数にすると 83%になる。

問３　イ，エ　　無機質はミネラルとも言う。チーズには，カルシウム・鉄・リン・ナトリウムなどが含まれる。わかめには，ヨウ素・ナトリウム・カリウムなどが含まれる。

問５　ウ　　タイやベトナムの沿岸では，マングローブの森を伐採して，エビの養殖場とする環境破壊が行われてきた。ブナの原生林は，日本の白神山地が知られている。ラインハルトの森はドイツにある。マルール国有林はアメリカにある。

問６　イ　　図１を見ると，日本のフード・マイレージは 900000，アメリカは 300000 だから，900000÷300000＝３(倍)である。

問７　38　　図２のグラフで，2019 年の日本の食料自給率を読み取ればよい。

問８　⑧＝米　⑨＝畜産物(油脂類)　⑩＝油脂類(畜産物)　⑪＝１人当たり農地面積　⑫＝人口　⑬＝森林面積率　1960 年度から 2019 年度にかけて，食べられた量が増えているのは，果実(22.4→34.2)，畜産物(32→146.4)，油脂類(4.3→14.4)である。それぞれ図３，図４から抜き出すので，条件にあてはまるものをしっかりと探し出そう。

問９　エ　　フード・マイレージは，(重さ)×(輸送距離)で求められるので，大量の食料を海外から輸入すると，フード・マイレージは大きな値になる。

問10　輸送距離を少なくすればフード・マイレージが小さくなるので，地産地消が最も適当な答えとなる。

問11　とうじ　　冬至は，１年のうちで最も昼の長さが短い日である。逆に昼の長さが最も長いのが夏至(げし)である。また，昼と夜の長さが同じになるのが春分と秋分である。

問12　ウ　　うなぎは土用の丑の日，かしわもちは端午の節句，七草かゆは１月７日に食べるのが慣例。

福岡女学院中学校

《国　語》

【一】問一．１．ウ　２．オ　３．イ　　問二．エ　　問三．ア　　問四．Ⅰ．人気者で友だちがたくさんいる　Ⅱ．百人一首を完璧に覚える〔別解〕百人一首大会で優勝する　　問五．ウ　　問六．C　　問七．誰かと親しくなりたければ自分から声をかければよいということ。　　問八．イ　　問九．エ

【二】問一．ａ．イ　ｂ．ウ　　問二．Ａ．エ　Ｂ．イ　Ｃ．ア　　問三．ひ弱な能力をおぎなうことができ、厳しい自然界で生きのびやすくなるから　　問四．(1)火…さまざまな道具をつくり、技術を高める　言葉…複雑な手順や、身につけるのに長い時間を必要とする技術を、世代をこえて伝えていくこと。　(2)ア　　問五．欲求
問六．(1)水をはじく葉の表面構造　(2)エ　(3)実についているかぎ状のとげを動物にひっかけて種子を分散させる

【三】問一．①往復　②誤解　③治　④うてん　⑤は　⑥すがお　　問二．①減少　②現実　　問三．①イ　②オ

《算　数》

1　(1)14　(2)０　(3)$\frac{1}{2}$　(4)$\frac{19}{30}$　(5)$\frac{47}{100}$　(6)34

2　(1)９　(2)13.5　(3)375　(4)５　(5)10　(6)２　(7)$6.28 \times x$

3　(1)300　(2)60

4　(1)7.2　(2)１点，２点，３点，４点

5　(1)45　(2)12

6　60°

7　37.68

8　376.8

9　(1)エ　(2)75

《英　語》

1～5　リスニング問題省略

6　１．④　２．①　３．②　４．④　５．③

7　１．④　２．①　３．③　４．②　５．②

8　［２番目／４番目］　１．［④／②］　２．［②／③］　３．［⑤／④］　４．［⑤／③］

9　１．①　２．②

10　１．①　２．④

11　問１．④　問２．④　問３．②　問４．③

12　問１．１．③　２．②　問２．②　問３．②

《総合問題》

1 問1．⑴A．星座　B．大三角　⑵ウ　⑶オ　⑷ウ　⑸イ　　問2．⑴①ウ　②カ　⑵①ア　②ウ　③イ　④ウ　⑶ア　　問3．⑴ウ　⑵A．ウ　B．カ　⑶ウ　⑷(ⅰ)A　(ⅱ)1.2　(ⅲ)ウ　　問4．⑴ア，オ　⑵イ　⑶アルミニウムはアルカリ性の水溶液にとけるが，鉄はアルカリ性の水溶液にとけない。　⑷イ

2 問1．北　　問2．2．沖縄　3．大阪　　問3．イ　　問4．⑴遣唐使　⑵あ．東シナ　い．五島　　問5．イ　問6．ウ　　問7．卍　　問8．楽市・楽座　　問9．福井(県)〔別解〕福島(県)　　問 10．⑴愛知県…名古屋　岩手県…盛岡　香川県…高松　栃木県…宇都宮　⑵〈1〉大分　〈2〉山形　⑶イ　⑷米／収穫から食べるまでの手間が少ない　　問 11．⑴1．イ　2．ア　⑵イ

3 問1．ＳＤＧｓ　　問2．ウ　　問3．消費期限切れの食材を廃棄する。　　問4．④イ　⑤ア　　問5．オ　問6．ア　　問7．アメリカ　　問8．ア　　問9．ウ　　問 10．プラスチック製の縄に海の生物がひっかかって傷ついたり，命を落としたりする。　　問 11．水俣病　　問 12．イ　　問 13．プラスチック製…コストが安い所。〔別解〕丈夫な所。　紙製…水に溶けるので環境に優しい所。　　問 14．コンビニのパンやお菓子を包む袋がなくなってしまうこと。　　問 15．紙の袋をつくったり，そのまま持ち帰ったりするなど，少しでもゴミが減る努力をすること。

福岡女学院中学校

←解答例は前のページにありますので，そちらをご覧ください。

《2022　国語　解説》

【一】

問二　直前に「恥《は》ずかしさのあまり」とある。エの「穴があったら入りたい」は、どこかに隠《かく》れてしまいたいほど恥ずかしいことを表す。よって、エが適する。

問三　愛想《あいそ》笑いとは、自分の気持ちには関係なく、他の人の機嫌《きげん》をとったり、周りに合わせたりするための作り笑いのこと。直後に「実際、プリントをながめていたのは～おもしろそうだったからだ」とある。感心する足立《あだち》くんに対して、“おもしろそうだから見ていただけだ”などと、本心を言うこともできたはずだが、ここでは足立くんに合わせて笑顔でこたえたのである。よって、アが適する。

問四Ⅰ　「ぼく」が考える、飯島《いいじま》さんの「すばらしい長所」、つまり「取り柄《え》」とは何かを読み取る。「飯島の取り柄って、大食いなとこか？」とたずねる足立くんに対して、「ぼく」は「そこじゃなくて、人気者で友達がたくさんいるところ」と答えている。　Ⅱ　飯島さんが「望んでいる」ものは何かを読み取る。ここより前に、飯島が百人一首大会で「優勝したがってる」ことや、そのために特訓を頑張《がんば》っていることが書かれている。

問五　人気者の足立くんは、「友達のミルメークを集めて、すごく濃《こ》いコーヒー牛乳をつくって」いた。それを見た「ぼく」は、「すごく濃いコーヒー牛乳」をつくって飲むことは、たくさんの友達がいる人気者でなければできないことだと考えていた。「教室で浮《う》いてしまって」いる「ぼく」は、今後もたくさんの友達ができることはないだろうと思い、――線③のように言ったのである。

問六　C の次の行に「たっぷり何秒間か考えこんでから、あっ、と声をあげてしまう」とある。

問七　「これまでずっと気づかなかった」ことは、直前の一文の「それ」が指す内容である。「それ」が指す内容は、――線部⑤の１～４行前に書かれているので、ここからまとめる。

問八　「だいたい、飲みたかったんだったら飲みたいって言えよ」という「冗談《じょうだん》めかした足立くんの言葉」で、「ぼく」は、誰《だれ》かと親しくなりたければ自分から声をかければよいという「単純なこと」に気づいた。そして、その「単純なこと」を、この時さっそく実行したのである。「ぼく」は足立くんと親しくなりたいと思い、前回言わなかった「ぼくにも飲ませて、とか、ぼくも混ぜて」といった言葉を口にしたと考えられる。よって、イが適する。

問九　C の少しあとに「もしかすると最初からあきらめていたから、驚《おどろ》くほど単純な方法にも、気づくことができなかったのかもしれない。足立くんのようになんてなれるわけがないと、そう思いこんでいたから」とある。また、――線部④のあとでは、誰かと親しくなりたければ自分から声をかければよい、「ぼくが教室で浮いてしまっているのも～ぼくのほうがみんなに近づこうとしなかったせいなのかもしれない」と考えている。足立くんとの会話を通じて、「ぼく」の考え方がだんだんと変化しているので、エが適する。

【二】

問一～問五　著作権に関係する弊社《へいしゃ》の都合により本文を非掲載《ひけいさい》としておりますので、解説を省略させていただきます。ご不便をおかけし申し訳ございませんが、ご了承《りょうしょう》ください。

問六(1)　A の少しあとに「雨具を作る技術に応用している」とある。これと関係のある話が、【参考資料】の「水をはじく葉の表面構造をまねた、水をはじきやすい傘《かさ》などの雨具が開発されている」の部分である。

(3)　C の直後に「ゴボウの実の戦略」とある。【参考資料】をもとに、面ファスナーに関係のある「ゴボウの実の戦略」をまとめる。

《2022　算数　解説》

1 (1)　与式＝5＋9＝14

(2)　与式＝13－(25－12)＝13－13＝0

(3)　与式＝$\frac{3}{5}\times\frac{10}{9}-\frac{1}{6}=\frac{2}{3}-\frac{1}{6}=\frac{4}{6}-\frac{1}{6}=\frac{3}{6}=\frac{1}{2}$

(4)　与式＝$\frac{4}{5}-\frac{3}{10}\times\frac{5}{9}=\frac{4}{5}-\frac{1}{6}=\frac{24}{30}-\frac{5}{30}=\frac{19}{30}$

(5)　与式＝$\frac{21}{5}\div\frac{7}{2}-\frac{73}{100}=\frac{21}{5}\times\frac{2}{7}-\frac{73}{100}=\frac{6}{5}-\frac{73}{100}=\frac{120}{100}-\frac{73}{100}=\frac{47}{100}$

(6)　与式＝8×1.25×3.4＝10×3.4＝34

2 (1)　与式より，27÷□＝18－15　　□＝27÷3＝9

(2)　Aさんの速さは時速(18÷4)km＝時速4.5kmだから，3時間歩くと，4.5×3＝13.5(km)歩くことができる。

(3)　求める金額は，1500×$\frac{25}{100}$＝375(円)

(4)　yの値について，7.5は3の7.5÷3＝2.5(倍)だから，□にあてはまる数は，2×2.5＝5

(5)　選び方は，(A，B)(A，C)(A，D)(A，E)(B，C)(B，D)(B，E)(C，D)(C，E)(D，E)の10通りある。

(6)　底辺の長さが2，高さが1の三角形の面積は，2×1÷2＝1

底辺の長さを半分の2÷2＝1，高さを4倍の1×4＝4にすると，面積は，1×4÷2＝2

よって，もとの三角形の面積の2÷1＝2(倍)になる。

(7)　(円周)＝(直径)×3.14であり，直径はx×2(cm)だから，y＝x×2×3.14より，y＝6.28×x

3 (1)　1回目にはね上がった高さの7割＝$\frac{7}{10}$が147cmだから，1回目は147÷$\frac{7}{10}$＝210(cm)はね上がった。

よって，求める高さは，210÷$\frac{7}{10}$＝300(cm)

(2)　**【解き方】水そうに入る水の量を，4と6の最小公倍数である⑫Lとして考える。**

満水にする時間は，毎分4Lの割合で入れると⑫÷4＝③(分)，毎分6Lの割合で入れると⑫÷6＝②(分)かかる。この差である③－②＝①(分)が5分にあたるので，⑫は5×$\frac{⑫}{①}$＝60にあたる。

よって，求める水の量は，60Lである。

4 (1)　最高点は10点，最低点は5点だから，Aさんの得点は，$\frac{5+6+8+8+9}{5}$＝7.2(点)

(2)　最高点と最低点を除く5人の点数の合計は，5.4×5＝27(点)

6人の審判員のうち，8点の人を除いた5人の得点の合計が4＋5＋5＋6＋7＝27(点)なので，最高点が8点，最低点が1～4点であればよいとわかる。よって，残り1人のつけた点数は，1点，2点，3点，4点のいずれかである。

5 (1)　9時から10時まで，グラフは6つの区切りがあるから，1つの区切りは$\frac{1}{6}$時間＝10分である。よって，バスはA地点からB地点までの15kmを$\frac{2}{6}$時間＝$\frac{1}{3}$時間で進むから，求める速さは，時速(15÷$\frac{1}{3}$)km＝時速45km

(2)　**【解き方】バスが9時42分にどの位置にいたのかを考える。**

バスは9時30分にB地点を出発しており，9時42分－9時30分＝12分＝$\frac{12}{60}$時間＝$\frac{1}{5}$時間で45×$\frac{1}{5}$＝9(km)進む。

よって，バスは9時42分にA地点から15－9＝6(km)進んだ位置にいるから，あつ子さんは

9時42分－9時12分＝30分＝$\frac{1}{2}$時間で6km進んだ。したがって，求める速さは，時速(6÷$\frac{1}{2}$)km＝時速12km

6 右図のように記号をおく。角BCE＝90°＋60°＝150°

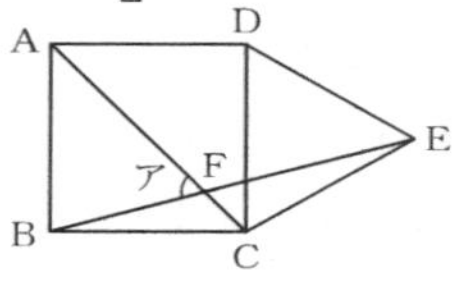

三角形CBEはCB＝CEの二等辺三角形だから，角CBE＝(180°－150°)÷2＝15°

三角形BACは直角二等辺三角形だから，角BCA＝45°

三角形の１つの外角は，これととなりあわない２つの内角の和に等しいから，角ア＝15°＋45°＝60°

7 **【解き方】斜線部分のうち，右図のように太線で囲んだ図形を矢印の位置に移動させてから面積を考える。**

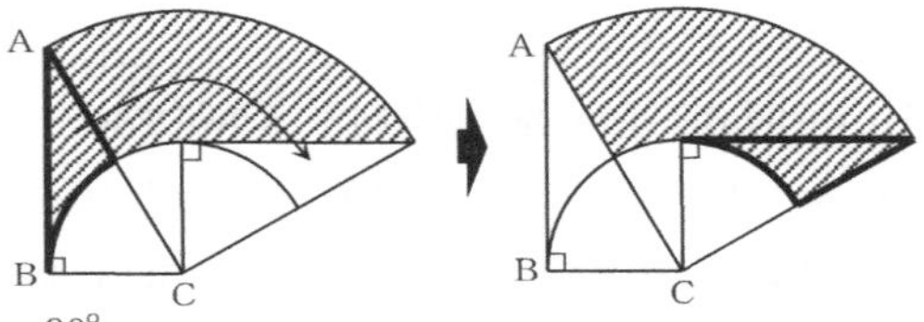

求める面積は，半径が８cm，中心角が90°のおうぎ形の面積から，半径が４cm，中心角が90°のおうぎ形の面積をひけばよいので，$8\times8\times3.14\times\frac{90°}{360°}-4\times4\times3.14\times\frac{90°}{360°}=(16-4)\times3.14=37.68$(cm²)

8 **【解き方】できる立体は，右図のようになる。**

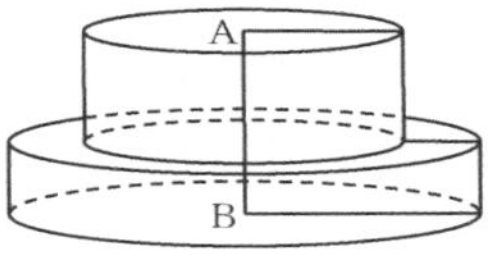

求める体積は，底面の半径が４＋２＝６(cm)，高さが２cmの円柱の体積と，底面の半径が４cm，高さが５－２＝３(cm)の円柱の体積の和なので，

$6\times6\times3.14\times2+4\times4\times3.14\times3=(72+48)\times3.14=376.8$(cm³)

9 (1) 順に開いていくと，右図のようになるから，求める記号はエである。

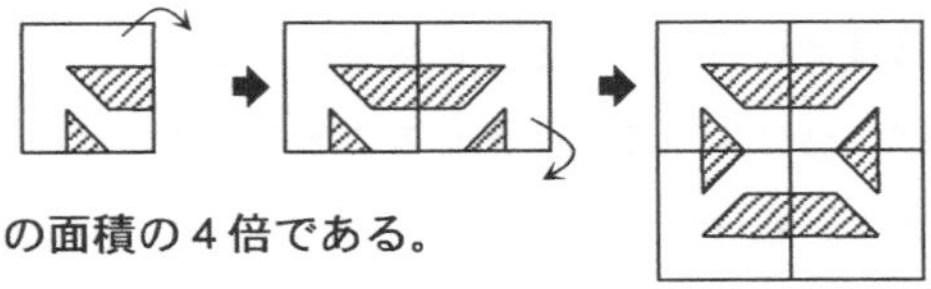

(2) **【解き方１】残った部分の面積は，図２の四角形ＡＢＤＣの面積の４倍である。**

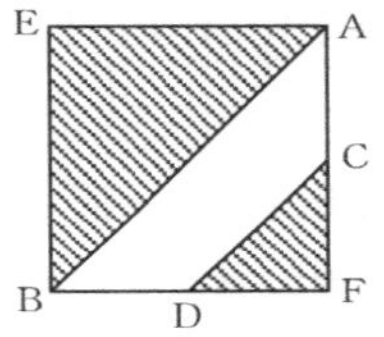

右図のように記号をおく。正方形ＡＥＢＦの面積は，(対角線)×(対角線)÷２＝10×10÷２＝50(cm²)だから，三角形ＡＢＥの面積は，50÷２＝25(cm²)

三角形ＡＢＥと三角形ＣＤＦは同じ形の三角形であり，辺の長さの比はＡＢ：ＣＤ＝10：５＝２：１だから，面積の比は，(２×２)：(１×１)＝４：１である。

よって，三角形ＣＤＦの面積は，$25\times\frac{1}{4}=\frac{25}{4}$(cm²)

四角形ＡＢＤＣの面積は，$50-25-\frac{25}{4}=\frac{75}{4}$(cm²)だから，求める面積は，$\frac{75}{4}\times4=75$(cm²)

【解き方２】紙を開くと，右図のようになる。

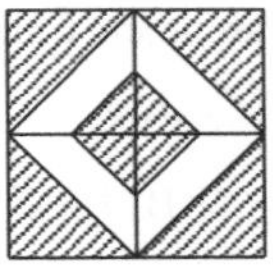

残った部分は，１辺が10cmの正方形から１辺が５cmの正方形を取り除いた図形だから，求める面積は，10×10－５×５＝75(cm²)

《2022　英語　解説》

6 1 「私の祖母の(　　)は私の父である」より，④「息子」が適切。①「おば」，②「妻」，③「兄」は不適切。

2 be good at ～「～が得意である」より，①が適切。

3 不定詞〈to＋動詞の原形〉の副詞的用法「～するために」の文にする。②が適切。

4 直前にある French「フランス語」の代名詞を答える。動詞 teach の直後には目的格の代名詞がくるので，④it が適切。

5 主語が My brother and I「兄と私」で文末に last night「昨夜」があるので，主語が複数で過去の be 動詞である③weren't が適切。

7 1 Can you ～?に対して，No で答えるときは，No, I can't.となる。④が適切。

2 A「すみません。郵便局への行き方を教えてください」→B「いいですよ。(　　)」より，①「お教えしましょう」が適切。

3 電話での会話表現。Bが「少々お待ちください」と言っているので，③「ホワイトさんをお願いします」が適切。

4 B(ナンシー)の「私は病気で寝ていたけど今は気分がいいわ」より，Aはナンシーに「どうして昨日学校に来なかったの？」と尋ねたと考えられる。否定の疑問文である②が適切。

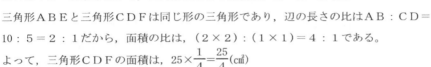

5　Aの「準備はできてる？」に対して，Bは No「いいえ」と答えているので，②「私は今夜その勉強をするつもりです」が適切。

8　1　Could you show me the book?：Could you ～?「～してくださいませんか？」は丁寧な依頼の表現。

・show＋人＋こと／もの「(人)に(こと/もの)を見せる」

2　What do you think of this picture?：・What do you think of ～？「～をどう思いますか？」

3　Reading is important for us.：Reading「本を読むこと(読書)」が主語の文にする。

4　Fall is more popular than spring in my class.：popular のような長い形容詞を比較級にするときは more popular となる。　・比較級＋than「～よりも…」

9　1　【本文の要約】参照。①「車」が適切。

【本文の要約】

人々は遠くに行きたいときに私を使います。動くにはガソリンが必要ですが，友達の中にはそれを必要としないものもいます。私は１～５人を乗せることができます。私はふつう運転手が必要ですが，友達の中には運転手がいらないものもいます。私は何でしょう？

2　【本文の要約】参照。②「野球のボール」が適切。

【本文の要約】

人々は私を見て，捕って，投げます。私は時には地面に，時には空中に，時には手の中にあります。私を速く投げる人もいます。道具で私を強く打つ人もいます。私はだいたいリンゴと同じくらいの大きさです。私は何でしょう？

10　1　「タクヤは６歳で，父と英語の勉強を楽しみたいです。彼はどのコースを受講しますか？」…オンラインＡの For Parent and Child「親子向け」より，①が適切。

2　「どの文が正しいですか？」…①×「12 歳の子どもはオンラインＢのレッスンを受けることができます」…オンラインＢは３歳から６歳向けのレッスンである。　②×「親はレッスンを受けるためにいくらかのお金を払う必要があります」…電話番号が書かれている直前の１文の文末に it's free「無料です」とある。　③×「大人はレッスンを受けることができません」…オンラインＤは大人向けのレッスンである。　④○「34 歳の女性はオンラインレッスンを受けることができます」

11　【本文の要約】参照。

問１　第３段落１～２行目「マウスピースの反対側は平らなスピーカーになっている」，「側面に穴が２つある」より，④が適切。

問４　①×「リチャードの父は水中で話す方法を見つけたいと思い，それを簡単に発明しました」…本文にない内容。　②「リチャードはシュノーケリングをしているとき，水中で×魚に話しかけようとしました」　③○「多くの人がリチャードの楽しい発明品を購入したため，彼は金持ちになりました」　④×「トイザらスには楽しいおもちゃがたくさんあり，リチャードはよくそこに行きました」…本文にない内容。

【本文の要約】

自分で発明品を作るのは楽しいです。また，多くの人が本当にあなたの発明品を気に入れば，それによってあなたはとてもお金持ちになるでしょう！

リチャードは良い例です。リチャードが 10 歳のとき，彼は父親と一緒にシュノーケリングに行きました。リチャードは水中のさまざまな魚にとても興奮していました。彼は何か目新しいものを見る度に父親に叫びたかったのです。それで，後に彼はインターネットで水中音について研究し始めました。彼は水中で話す方法を見つけるために何度も挑戦しました。ついに彼は「ウォータートーキー」を発明しました。

問1④ウォータートーキーには特殊なマウスピースがあります。もう一方の端は平らなスピーカーのように見えます。側面に穴が2つあるため，空気を抜くことができます。ウォータートーキーを通して，水中で最大 4.5 メートル離れた誰かの声を聞くことができます。

彼の発明品問2④の準備ができた(＝was ready)とき，彼はそれをトイザらスに持っていきました。彼はそれが非常にうまく機能することを彼らに示しました。彼らは本当にそれを気に入りました。

トイザらスは5万本のウォータートーキーを注文し，店に並べました。問3②それら(＝Water Talkies)はとても人気がありました。問4③リチャードは楽しい発明品のおかげで，とてもお金持ちになりました。

12 【本文の要約】参照。

問1 1 「ゾウは(　　)たかった」…第1段落1行目より，③「新しい友達を作り」が適切。

2 「(　　)ので，最初，森の動物たちはゾウと友達になりたくありませんでした」…サル，ウサギ，カエルの発言から，②「彼女は大きすぎた」が適切。

問3 ①×「ゾウはウサギの家に入りました」…本文にない内容。　②○「ゾウはトラから森の動物たちを救いました」　③「×ゾウはトラに激しく蹴られました」　④×「ゾウはついにトラと新たに友達になりました」…本文にない内容。

【本文の要約】

ある日，ゾウが森の中を歩いていました。問1．1彼女は友達を探していました。彼女はすぐにサルを見かけました。彼女は彼に近づき，「友達になってくれない，サルさん？」と尋ねました。

サルはすぐに「君は大きすぎて僕のように木にぶらさがることができないから，僕は君の友達にはなれないよ」と答えました。

ゾウはそれを聞いて悲しくなりました。彼女は探し続けました。それから彼女はウサギを見つけました。彼女は彼に近づき，「友達になってくれない，ウサギさん？」と尋ねました。

ウサギはゾウを見て，「君は僕の家には大きすぎる。君は僕の友達にはなれないよ」と言いました。

それから，ゾウは歩き続けて，カエルに会いました。彼女は「友達になってくれない，カエルさん？」と尋ねました。

カエルは「君は大きくて重すぎるよ。僕のようにジャンプすることはできないよ。申し訳ないけど，君は僕の友達にはなれないよ」と答えました。

ゾウは途中で他の数匹の動物に会いました。彼女は彼らに同じ質問をしましたが，彼女はいつも同じ答えを受け取りました。

翌日，ゾウはすべての森の動物を見かけました。彼らは何かを恐れて逃げていました。彼女はクマを立ち止まらせて，「どうしたの？」と尋ねました。クマはトラがすべての小さな動物を攻撃していると彼女に言いました。

ゾウは他の動物を救いたかったので，トラのところへ行き，「友達を食べないでくれない」と言いました。

トラは彼女の言うことを聞きませんでした。彼はただ「お前には関係ない」と言いました。

問3②それで，ゾウはトラを激しく蹴りました。トラは恐れて逃げだしました。その勇敢な話を聞いたあと，他の動物たちはみな，ゾウに「君は僕たちの友達になるのに，まさに問2②ちょうどいい大きさ(＝the right size)だよ」と言いました。

《2022　総合問題　解説》

1　問1(1)　B．夏の大三角に対し，オリオン座のベテルギウス，おおいぬ座のシリウス，こいぬ座のプロキオンを結んでできる三角形を冬の大三角という。　(2)　さそり座は夏を代表する星座で，夏の大三角が東の空に見えているときには，さそり座は南の空の低い位置にある。　(5)　アンタレスは赤い星で，その近くを赤い火星が通ることがある。そのようすが赤いかがやきを競っているように見えることから，火星(アレス)に対抗するもの(アンチ)という意味で，アンチ・アレス→アンタレスと呼ばれるようになった。

問2(1)　ここでは，酸素がとりこまれて二酸化炭素が排出《はいしゅつ》され，その他の気体は増減しないと考えればよい。よって，ちっ素などの割合は吸う空気とはいた空気で変わらず79％で，二酸化炭素の割合が約４％増加したから，酸素の割合が約４％減少して17％になった。　(2)　①根から吸い上げた水が水蒸気になっておもに葉から出ていく現象を蒸散という。葉に袋《ふくろ》をかぶせておくと，葉から出ていった水蒸気が袋の内側で水滴《すいてき》に変化する。　②④植物の葉に日光が当たると，水と二酸化炭素を材料にして栄養分(でんぷん)と酸素をつくる光合成が行われる。よって，アルミニウム箔《はく》をかぶせなかった部分では光合成によってつくられたでんぷんとヨウ素液が反応して青むらさき色に変化する。また，光合成が行われているときも呼吸は行われているが，呼吸よりも光合成がさかんに行われれば，全体としては酸素を放出し，二酸化炭素を吸収することになる。　③顕微鏡《けんびきょう》で観察することで，生物のからだをつくっている小さな部屋のようなものが見える。これが細胞《さいぼう》であり，ホウセンカの葉の細胞には，光合成を行う場所である緑色の粒《つぶ》(葉緑体)が見られる。

問3(1)　ピンセットとウは，支点と作用点の間に力点がある。アは作用点と力点の間に支点が，イは力点と支点の間に作用点がある。てこには，大きく分けてこれらの３つの種類がある。　(2)　電流計と豆電球をつなぐ位置を変えても，回路に流れる電流の大きさは変化しないので，どちらも同じ明るさである。　(3)　ア×…光電池にも＋極と－極とがある。　イ×…白熱灯の光でも発電する。　エ×…太陽電池のかたむきを変えることで光電池が受ける太陽光の量が多くなり，よく発電するようになることはあるが，太陽光は平行に進むため，(かたむきを変えなければ)太陽との距離《きょり》を変えても光電池が受ける太陽光の量は変化せず，発電量も変化しない。　(4)(ⅰ)　ふりこが１往復する時間(周期)はふりこの長さによって決まっていて，ふりこの長さが長いほど周期は長い。60秒間に往復する回数で考えると，周期が長いほどその回数は少なくなるから，46回の①がＡ，55回の⑩がＢである。

(ⅱ)　表より，⑤の60秒間に往復する回数は50回だから，１往復する時間は60÷50＝1.2(秒)である。

(ⅲ)　①は，振《ふ》れ始めてから30秒で(60秒のときの半分の)23回往復するので，図２と同じ位置にある。また，②は，振れ始めてから30秒で23.5回往復するので，図２とは反対側に最も大きく振れた位置にある。他のおもりについても同様に考えると，振れ始めてから30秒後，③⑤⑦⑨は図２と同じ位置にあり，④⑥⑧⑩は図２とは反対側に最も大きく振れた位置にあるので，ウのようになる。

問4(1)　イ，ウ，エ，カのように，金属ではないものを非金属という。　(2)　イは酸性である。　(4)　(3)より，アルミニウムでできたアルミサッシは重そうによって腐食《ふしょく》するが，鉄でできた台所のシンクとガスコンロは重そうによって腐食しないということである。

2　問1　方角は，上が北，右が東，下が南，左が西だから，博多湾から見て上にある玄界灘は北である(右図参照)。

問2(2)　琉球王国は，中国の陶磁器や日本の刀剣などを東南アジアに運んだり，こしょうや染料などの南方の珍しい産物を東アジアに運んだりする中継貿易で栄えた。

(3)　堺の自治組織を指導した有力な商人は会合衆と呼ばれていた。博多の商人の組織は年行司と呼ばれていた。

問３　イを選ぶ。黒田官兵衛は小田原征伐や朝鮮出兵で活躍した。アは秀吉の家臣だが，ウとエは秀吉の家臣ではない。

問４(1)　日本は遣唐使を送り，唐の進んだ制度や文化を学んでいた。奈良時代の唐には，シルクロードを通って西アジアから様々な宝物が伝わっており，その一部は遣唐使によって日本に持ちこまれ，東大寺の正倉院に納められた。

(2)　８世紀に新羅との関係が悪化して以降，遣唐使船は荒波の東シナ海を横断する南路を航行した。

問５　イを選ぶ。金閣は室町幕府３代将軍足利義満によって京都府北山に建てられた。アは平安時代，ウは江戸時代，エは奈良時代。

問６　ウを選ぶ。琉球王国の国王の居城を「首里城」という。アは北海道の先住民族，イは服属を求めて日本に遠征軍を送った元朝の皇帝(元寇)，エは韓国の文字。

問７　寺院の地図記号は，寺で見かける「卍(まんじ)」を使っている。

問８　安土桃山時代に織田信長が安土城下に出した楽市・楽座令が有名である。

問10(3)　イが正しい。　１．米はかたい部分を取れば食べられるが，小麦はかたい部分を取り，すりつぶして粉にし，加工した後に食べられる。　２．正月や結婚式などのときに食べることから導く。

問 11(1)１　各家庭で材料からつくることができ，原料も製品も安いものが輸入されていることから，イを選ぶ。

２　格安の輸入品が売られるようになり，買いびかえられることから，アを選ぶ。　(2)　ア～エの中で，最も早く整備されたのが鉄道であり，鉄道の利用量の増減が最も小さいからイが誤り。

3　問２　植物の葉の緑色の部分に光が当たると，水と二酸化炭素を材料にして栄養分(でんぷん)と酸素をつくり出す光合成が行われる。植物は，他の生物を食べて栄養分を吸収するのではなく，光合成を行うことによって自ら栄養分をつくり出している。

問３　食品ロスとは，まだ食べられるのに廃棄される食品や，廃棄することである。食品を無駄にせず使い切るため，ばら売りや量り売りを活用することなどがすすめられている。

問４(④)　イ．先進国では，過剰生産などの消費段階での食品ロスが多い。　(⑤)　ア．開発途上国では，生産や加工段階での食品ロスが多い。

問５　リサイクルは資源として再利用することだから，オが正しい。アはリフューズ，イとエはリユース，ウはリデュース。

問６　ア．2016年の日本の廃プラスチック輸出量のうち，中国に輸出された割合は80.3÷152.7×100＝52.5…(％)。

問７　アメリカは北アメリカに位置している。

問８　2018年において，中国(⑨)は香港(5.4)よりも少ない。タイ(⑫)は台湾(⑪)よりも多い。中国において，2019年(⑩)は2017年の約2.5％まで減少したから，74.9×0.025＝1.8725。よって，アが正しい。

問９　ウを選ぶ。自然分解されないマイクロプラスチックを魚などが食べ，その魚を食べている人間の体に移行して影響を及ぼす危険性が問題視されている。

問10　解答例の他，「海底に沈んだレジ袋によって，有機物が分解されずにヘドロ化していく。」なども考える。

問11　水俣病は，八代海沿岸(熊本県・鹿児島県)で多発した，手足が震えたりしびれたりする病気である。

問 12　対馬海流で中国からのゴミが運ばれるから，イを選ぶ(右図参照)。

問 13　プラスチック製の「分解されない」という問題点に着目し，紙製のストローの良い所を「燃えるため処分がしやすい所。」としても良い。

問 14　身の回りにあるプラスチック製品を考え，どのような不便があるかを考えてみる。

問 15　解答例の他，ペットボトルなどの使い捨てゴミを減らすために，再利用できる水とうを持ち歩くことや，コンビニ弁当などの容器類のゴミを減らすためにお弁当を持っていくことなども考えられる。

■ ご使用にあたってのお願い・ご注意

（1）問題文等の非掲載

著作権上の都合により，問題文や図表などの一部を掲載できない場合があります。

誠に申し訳ございませんが，ご了承くださいますようお願いいたします。

（2）過去問における時事性

過去問題集は，学習指導要領の改訂や社会状況の変化，新たな発見などにより，現在とは異なる表記や解説になっている場合があります。過去問の特性上，出題当時のままで出版していますので，あらかじめご了承ください。

（3）配点

学校等から配点が公表されている場合は，記載しています。公表されていない場合は，記載していません。

独自の予想配点は，出題者の意図と異なる場合があり，お客様が学習するうえで誤った判断をしてしまう恐れがあるため記載していません。

（4）無断複製等の禁止

購入された個人のお客様が，ご家庭でご自身またはご家族の学習のためにコピーをすることは可能ですが，それ以外の目的でコピー，スキャン，転載（ブログ，ＳＮＳなどでの公開を含みます）などをすることは法律により禁止されています。学校や学習塾などで，児童生徒のためにコピーをして使用することも法律により禁止されています。

ご不明な点や，違法な疑いのある行為を確認された場合は，弊社までご連絡ください。

（5）けがに注意

この問題集は針を外して使用します。針を外すときは，けがをしないように注意してください。また，表紙カバーや問題用紙の端で手指を傷つけないように十分注意してください。

（6）正誤

制作には万全を期しておりますが，万が一誤りなどがございましたら，弊社までご連絡ください。

なお，誤りが判明した場合は，弊社ウェブサイトの「ご購入者様のページ」に掲載しておりますので，そちらもご確認ください。

■ お問い合わせ

解答例，解説，印刷，製本など，問題集発行におけるすべての責任は弊社にあります。

ご不明な点がございましたら，弊社ウェブサイトの「お問い合わせ」フォームよりご連絡ください。迅速に対応いたしますが，営業日の都合で回答に数日を要する場合があります。

ご入力いただいたメールアドレス宛に自動返信メールをお送りしています。自動返信メールが届かない場合は，「よくある質問」の「メールの問い合わせに対し返信がありません。」の項目をご確認ください。

また弊社営業日（平日）は，午前９時から午後５時まで，電話でのお問い合わせも受け付けています。

2025 春

株式会社教英出版

〒422-8054　静岡県静岡市駿河区南安倍３丁目 12-28

TEL　054-288-2131　　FAX　054-288-2133

URL　https://kyoei-syuppan.net/

MAIL siteform@kyoei-syuppan.net

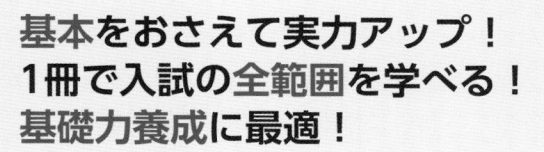

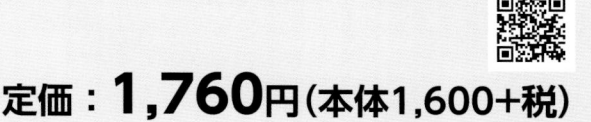

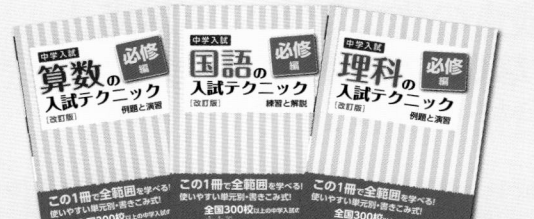

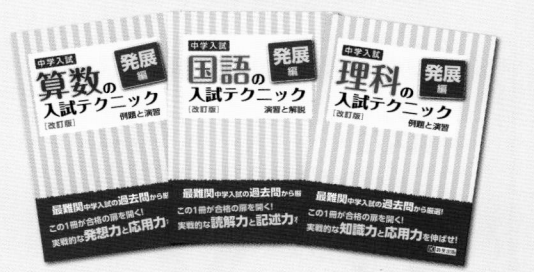

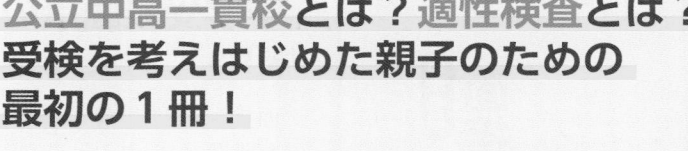

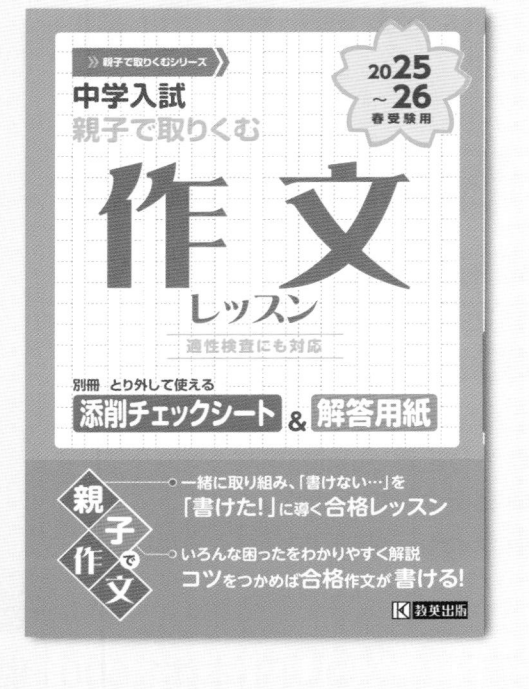

教英出版　2025年春受験用　中学入試問題集

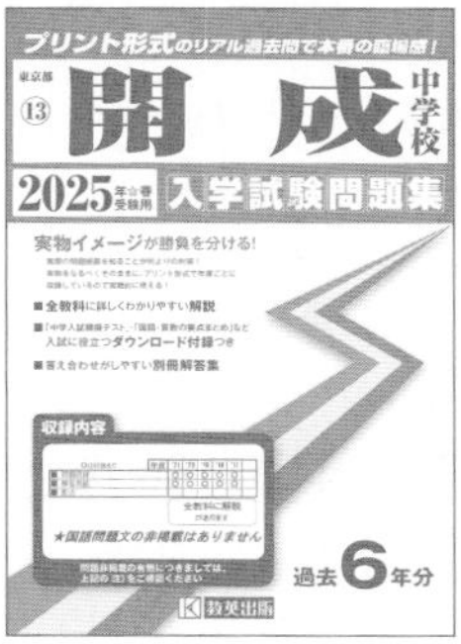

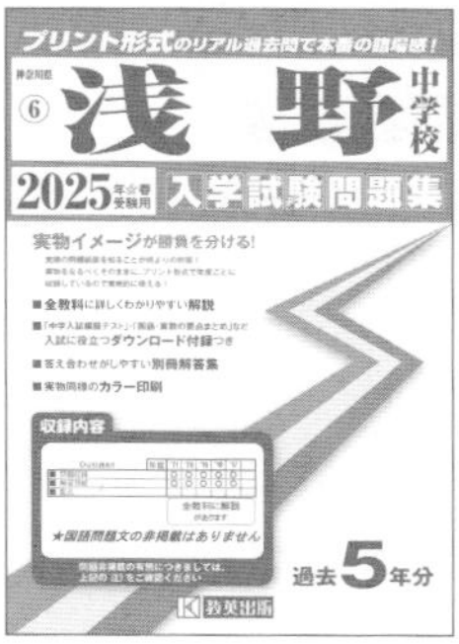

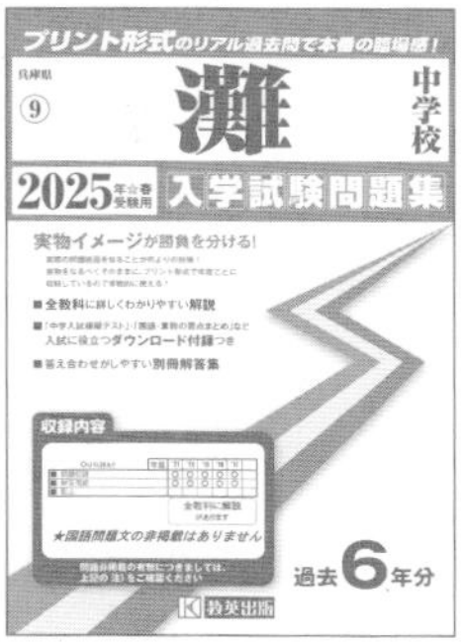

学校別問題集

✿はカラー問題対応

北海道

①[市立]札幌開成中等教育学校
②藤女子中学校
③北嶺中学校
④北星学園女子中学校
⑤札幌大谷中学校
⑥札幌光星中学校
⑦立命館慶祥中学校
⑧函館ラ・サール中学校

青森県

①[県立]三本木高等学校附属中学校

岩手県

①[県立]一関第一高等学校附属中学校

宮城県

①[県立]宮城県古川黎明中学校
②[県立]宮城県仙台二華中学校
③[市立]仙台青陵中等教育学校
④東北学院中学校
⑤仙台白百合学園中学校
⑥聖ウルスラ学院英智中学校
⑦宮城学院中学校
⑧秀光中学校
⑨古川学園中学校

秋田県

①[県立]
大館国際情報学院中学校
秋田南高等学校中等部
横手清陵学院中学校

山形県

①[県立]
東桜学館中学校
致道館中学校

福島県

①[県立]
会津学鳳中学校
ふたば未来学園中学校

茨城県

①[県立]
日立第一高等学校附属中学校
太田第一高等学校附属中学校
水戸第一高等学校附属中学校
鉾田第一高等学校附属中学校
鹿島高等学校附属中学校
土浦第一高等学校附属中学校
竜ヶ崎第一高等学校附属中学校
下館第一高等学校附属中学校
下妻第一高等学校附属中学校
水海道第一高等学校附属中学校
勝田中等教育学校
並木中等教育学校
古河中等教育学校

栃木県

①[県立]
宇都宮東高等学校附属中学校
佐野高等学校附属中学校
矢板東高等学校附属中学校

群馬県

①
[県立]中央中等教育学校
[市立]四ツ葉学園中等教育学校
[市立]太田中学校

埼玉県

①[県立]伊奈学園中学校
②[市立]浦和中学校
③[市立]大宮国際中等教育学校
④[市立]川口市立高等学校附属中学校

千葉県

①[県立]
千葉中学校
東葛飾中学校
②[市立]稲毛国際中等教育学校

東京都

①[国立]筑波大学附属駒場中学校
②[都立]白鷗高等学校附属中学校
③[都立]桜修館中等教育学校
④[都立]小石川中等教育学校
⑤[都立]両国高等学校附属中学校
⑥[都立]立川国際中等教育学校
⑦[都立]武蔵高等学校附属中学校
⑧[都立]大泉高等学校附属中学校
⑨[都立]富士高等学校附属中学校
⑩[都立]三鷹中等教育学校
⑪[都立]南多摩中等教育学校
⑫[区立]九段中等教育学校
⑬開成中学校
⑭麻布中学校
⑮桜蔭中学校
⑯女子学院中学校
✿⑰豊島岡女子学園中学校
⑱東京都市大学等々力中学校
⑲世田谷学園中学校
✿⑳広尾学園中学校(第2回)
✿㉑広尾学園中学校(医進・サイエンス回)
㉒渋谷教育学園渋谷中学校(第1回)
㉓渋谷教育学園渋谷中学校(第2回)
㉔東京農業大学第一高等学校中等部(2月1日 午後)
㉕東京農業大学第一高等学校中等部(2月2日 午後)

神奈川県

①[県立]相模原中等教育学校
　　　　平塚中等教育学校
②[市立]南高等学校附属中学校
③[市立]横浜サイエンスフロンティア高等学校附属中学校
④[市立]川崎高等学校附属中学校
✿⑤聖光学院中学校
✿⑥浅野中学校
⑦洗足学園中学校
⑧法政大学第二中学校
⑨逗子開成中学校（1次）
⑩逗子開成中学校（2·3次）
⑪神奈川大学附属中学校（第1回）
⑫神奈川大学附属中学校（第2·3回）
⑬栄光学園中学校
⑭フェリス女学院中学校

新潟県

①[県立]村上中等教育学校
　　　　柏崎翔洋中等教育学校
　　　　燕中等教育学校
　　　　津南中等教育学校
　　　　直江津中等教育学校
　　　　佐渡中等教育学校
②[市立]高志中等教育学校
③新潟第一中学校
④新潟明訓中学校

石川県

①[県立]金沢錦丘中学校
②星稜中学校

福井県

①[県立]高志中学校

山梨県

①山梨英和中学校
②山梨学院中学校
③駿台甲府中学校

長野県

①[県立]屋代高等学校附属中学校
　　　　諏訪清陵高等学校附属中学校
②[市立]長野中学校

岐阜県

①岐阜東中学校
②鶯谷中学校
③岐阜聖徳学園大学附属中学校

静岡県

①[国立]静岡大学教育学部附属中学校
　　　　（静岡·島田·浜松）
②[県立]清水南高等学校中等部
　[県立]浜松西高等学校中等部
　[市立]沼津高等学校中等部
③不二聖心女子学院中学校
④日本大学三島中学校
⑤加藤学園暁秀中学校
⑥星陵中学校
⑦東海大学付属静岡翔洋高等学校中等部
⑧静岡サレジオ中学校
⑨静岡英和女学院中学校
⑩静岡雙葉中学校
⑪静岡聖光学院中学校
⑫静岡学園中学校
⑬静岡大成中学校
⑭城南静岡中学校
⑮静岡北中学校
⑯常葉大学附属常葉中学校
　常葉大学附属橘中学校
　常葉大学附属菊川中学校
⑰藤枝明誠中学校
⑱浜松開誠館中学校
⑲静岡県西遠女子学園中学校
⑳浜松日体中学校
㉑浜松学芸中学校

愛知県

①[国立]愛知教育大学附属名古屋中学校
②愛知淑徳中学校
③名古屋経済大学市邨中学校
　名古屋経済大学高蔵中学校
④金城学院中学校
⑤椙山女学園中学校
⑥東海中学校
⑦南山中学校男子部
⑧南山中学校女子部
⑨聖霊中学校
⑩滝中学校
⑪名古屋中学校
⑫大成中学校
⑬愛知中学校
⑭星城中学校
⑮名古屋葵大学中学校
　（名古屋女子大学中学校）
⑯愛知工業大学名電中学校
⑰海陽中等教育学校（特別給費生）
⑱海陽中等教育学校（I·II）
⑲中部大学春日丘中学校
新刊⑳名古屋国際中学校

三重県

①[国立]三重大学教育学部附属中学校
②暁中学校
③海星中学校
④四日市メリノール学院中学校
⑤高田中学校
⑥セントヨゼフ女子学園中学校
⑦三重中学校
⑧皇學館中学校
⑨鈴鹿中等教育学校
⑩津田学園中学校

滋賀県

①[国立]滋賀大学教育学部附属中学校
②[県立]河瀬中学校
　　　　守山中学校
　　　　水口東中学校

京都府

①[国立]京都教育大学附属桃山中学校
②[府立]洛北高等学校附属中学校
③[府立]園部高等学校附属中学校
④[府立]福知山高等学校附属中学校
⑤[府立]南陽高等学校附属中学校
⑥[市立]西京高等学校附属中学校
⑦同志社中学校
⑧洛星中学校
⑨洛南高等学校附属中学校
⑩立命館中学校
⑪同志社国際中学校
⑫同志社女子中学校（前期日程）
⑬同志社女子中学校（後期日程）

大阪府

①[国立]大阪教育大学附属天王寺中学校
②[国立]大阪教育大学附属平野中学校
③[国立]大阪教育大学附属池田中学校

④[府立]富田林中学校
⑤[府立]咲くやこの花中学校
⑥[府立]水都国際中学校
⑦清風中学校
⑧高槻中学校（A日程）
⑨高槻中学校（B日程）
⑩明星中学校
⑪大阪女学院中学校
⑫大谷中学校
⑬四天王寺中学校
⑭帝塚山学院中学校
⑮大阪国際中学校
⑯大阪桐蔭中学校
⑰開明中学校
⑱関西大学第一中学校
⑲近畿大学附属中学校
⑳金蘭千里中学校
㉑金光八尾中学校
㉒清風南海中学校
㉓帝塚山学院泉ヶ丘中学校
㉔同志社香里中学校
㉕初芝立命館中学校
㉖関西大学中等部
㉗大阪星光学院中学校

兵庫県

①[国立]神戸大学附属中等教育学校
②[県立]兵庫県立大学附属中学校
③雲雀丘学園中学校
④関西学院中学部
⑤神戸女学院中学部
⑥甲陽学院中学校
⑦甲南中学校
⑧甲南女子中学校
⑨灘中学校
⑩親和中学校
⑪神戸海星女子学院中学校
⑫滝川中学校
⑬啓明学院中学校
⑭三田学園中学校
⑮淳心学院中学校
⑯仁川学院中学校
⑰六甲学院中学校
⑱須磨学園中学校(第1回入試)
⑲須磨学園中学校(第2回入試)
⑳須磨学園中学校(第3回入試)
㉑白陵中学校
㉒夙川中学校

奈良県

①[国立]奈良女子大学附属中等教育学校
②[国立]奈良教育大学附属中学校
③[県立]
国際中学校
青翔中学校
④[市立]一条高等学校附属中学校
⑤帝塚山中学校
⑥東大寺学園中学校
⑦奈良学園中学校
⑧西大和学園中学校

和歌山県

①[県立]
古佐田丘中学校
向陽中学校
桐蔭中学校
日高高等学校附属中学校
田辺中学校
②智辯学園和歌山中学校
③近畿大学附属和歌山中学校
④開智中学校

岡山県

①[県立]岡山操山中学校
②[県立]倉敷天城中学校
③[県立]岡山大安寺中等教育学校
④[県立]津山中学校
⑤岡山中学校
⑥清心中学校
⑦岡山白陵中学校
⑧金光学園中学校
⑨就実中学校
⑩岡山理科大学附属中学校
⑪山陽学園中学校

広島県

①[国立]広島大学附属中学校
②[国立]広島大学附属福山中学校
③[県立]広島中学校
④[県立]三次中学校
⑤[県立]広島叡智学園中学校
⑥[市立]広島中等教育学校
⑦[市立]福山中学校
⑧広島学院中学校
⑨広島女学院中学校
⑩修道中学校
⑪崇徳中学校
⑫比治山女子中学校
⑬福山暁の星女子中学校
⑭安田女子中学校
⑮広島なぎさ中学校
⑯広島城北中学校
⑰近畿大学附属広島中学校福山校
⑱盈進中学校
⑲如水館中学校
⑳ノートルダム清心中学校
㉑銀河学院中学校
㉒近畿大学附属広島中学校東広島校
㉓AICJ中学校
㉔広島国際学院中学校
㉕広島修道大学ひろしま協創中学校

山口県

①[県立]
下関中等教育学校
高森みどり中学校
②野田学園中学校

徳島県

①[県立]
富岡東中学校
川島中学校
城ノ内中等教育学校
②徳島文理中学校

香川県

①大手前丸亀中学校
②香川誠陵中学校

愛媛県

①[県立]
今治東中等教育学校
松山西中等教育学校
②愛光中学校
③済美平成中等教育学校
④新田青雲中等教育学校

高知県

①[県立]
安芸中学校
高知国際中学校
中村中学校

福　岡　県

①[国立]福岡教育大学附属中学校
（福岡·小倉·久留米）

②[県立]
育徳館中学校
門司学園中学校
宗像中学校
嘉穂高等学校附属中学校
輝翔館中等教育学校

③西南学院中学校
④上智福岡中学校
⑤福岡女学院中学校
⑥福岡雙葉中学校
⑦照曜館中学校
⑧筑紫女学園中学校
⑨敬愛中学校
⑩久留米大学附設中学校
⑪飯塚日新館中学校
⑫明治学園中学校
⑬小倉日新館中学校
⑭久留米信愛中学校
⑮中村学園女子中学校
⑯福岡大学附属大濠中学校
⑰筑陽学園中学校
⑱九州国際大学付属中学校
⑲博多女子中学校
⑳東福岡自彊館中学校
㉑八女学院中学校

佐　賀　県

①[県立]
香楠中学校
致遠館中学校
唐津東中学校
武雄青陵中学校

②弘学館中学校
③東明館中学校
④佐賀清和中学校
⑤成穎中学校
⑥早稲田佐賀中学校

長　崎　県

①[県立]
長崎東中学校
佐世保北中学校
諫早高等学校附属中学校

②青雲中学校
③長崎南山中学校
④長崎日本大学中学校
⑤海星中学校

熊　本　県

①[県立]
玉名高等学校附属中学校
宇土中学校
八代中学校

②真和中学校
③九州学院中学校
④ルーテル学院中学校
⑤熊本信愛女学院中学校
⑥熊本マリスト学園中学校
⑦熊本学園大学付属中学校

大　分　県

①[県立]大分豊府中学校
②岩田中学校

宮　崎　県

①[県立]五ヶ瀬中等教育学校

②[県立]
宮崎西高等学校附属中学校
都城泉ヶ丘高等学校附属中学校

③宮崎日本大学中学校
④日向学院中学校
⑤宮崎第一中学校

鹿　児　島　県

①[県立]楠隼中学校
②[市立]鹿児島玉龍中学校
③鹿児島修学館中学校
④ラ・サール中学校
⑤志學館中等部

沖　縄　県

①[県立]
与勝緑が丘中学校
開邦中学校
球陽中学校
名護高等学校附属桜中学校

もっと過去問シリーズ

北　海　道

北嶺中学校
7年分（算数・理科・社会）

静　岡　県

静岡大学教育学部附属中学校
（静岡·島田·浜松）
10年分（算数）

愛　知　県

愛知淑徳中学校
7年分（算数・理科・社会）
東海中学校
7年分（算数・理科・社会）
南山中学校男子部
7年分（算数・理科・社会）
南山中学校女子部
7年分（算数・理科・社会）
滝中学校
7年分（算数・理科・社会）
名古屋中学校
7年分（算数・理科・社会）

岡　山　県

岡山白陵中学校
7年分（算数・理科）

広　島　県

広島大学附属中学校
7年分（算数・理科・社会）
広島大学附属福山中学校
7年分（算数・理科・社会）
広島学院中学校
7年分（算数・理科・社会）
広島女学院中学校
7年分（算数・理科・社会）
修道中学校
7年分（算数・理科・社会）
ノートルダム清心中学校
7年分（算数・理科・社会）

愛　媛　県

愛光中学校
7年分（算数・理科・社会）

福　岡　県

福岡教育大学附属中学校
（福岡·小倉·久留米）
7年分（算数・理科・社会）
西南学院中学校
7年分（算数・理科・社会）
久留米大学附設中学校
7年分（算数・理科・社会）
福岡大学附属大濠中学校
7年分（算数・理科・社会）

佐　賀　県

早稲田佐賀中学校
7年分（算数・理科・社会）

長　崎　県

青雲中学校
7年分（算数・理科・社会）

鹿　児　島　県

ラ·サール中学校
7年分（算数・理科・社会）

※もっと過去問シリーズは
国語の収録はありません。

教英出版
〒422-8054
静岡県静岡市駿河区南安倍3丁目12−28
TEL 054-288-2131
FAX 054-288-2133
詳しくは教英出版で検索
教英出版　検索
URL https://kyoei-syuppan.net/

二〇二四年度　国語　福岡女学院中学校

①

（注意）1　**解答はすべて解答用紙に記入しなさい。**
2　**字数の指示がある場合は、句読点も字数に含《ふく》めます。**

（45分）

【一】次の文章を読んで、後の問いに答えなさい。

犬型ロボットを知っていますか。生きものである犬のようすをよく観察して、そっくりな動きをするように工夫《くふう》してつくってあります。体内にコンピュータが入っていて、持ち主の声にこたえてしっぽをふるなど、とてもかわいいものです。（　A　）、ロボットの犬は本物の犬とはちがいます。どこがちがうのでしょう。そのちがいを考えながら、生きものの特徴《とくちょう》をさぐってみましょう。

ロボットの犬と本物の犬をよく見てください。本物の犬は呼吸をしています。呼吸は、空気中の酸素を体に取り入れ、二酸化炭素を体から出すことです。えさを食べ、水を飲んで、おしっこやうんちを体から出します。このように、生きものは、外から①必要なものを取り入れ、内から不要なものを出して、内と外とで物質のやり取りをしています。

ロボットはどうでしょう。ロボットの犬は呼吸もせず、食べたり飲んだりすることもありません。ただ、動くためにはエネルギーが必要ですから、外から電池を入れ、なくなったら交換《こうかん》します。②生きものとおなじに見えますね。本当におなじでしょうか。

本物の犬が、鳥肉を食べたとします。肉は、主としてタンパク質からできています。タンパク質は、犬の腸で分解されてアミノ酸という物質になります。そして、腸のかべから吸収され、血管を通って犬の体全体に運ばれて、そこで再びタンパク質に組みかえられます。ここでつくられるのは、犬の体をつくるタンパク質であって、ニワトリのものではありません。あなたが昨日食べたカレーライスのぶた肉は、あなたの体をつくるタンパク質に変わって、今あなたの一部としてはたらいています。つまり、外から取り入れたものが自分の一部になるのが生きものなのです。

ロボットの場合、電池が犬の体に変わることは決してありません。電池は電池、ロボットはロボットです。外から取り入れたものが自分の一部になる、③そのようなつながり方で外とつながっているのが、生きものの特徴です。

たくさんの食べものを食べて、生まれたばかりのときは小さかった飼い犬のチロは、だんだん大きくなり、芸もできるようになりました。おなじチロなのに、月日とともに変わりましたね。あなたも、赤ちゃんのときと今とでは、身長も体重も、考えることもずいぶん変わったでしょう。先ほど説明したように、毎日食べるものが体をつくっていくのですから、体をつくる物質は、昨日と今日とで入れかわり、まったくおなじではありません。生まれ、成長し、老いて、死んでゆく生きものは、1秒たりともおなじではないのです。でも、チロはチロ、あなたはあなたというように、一生を通じてつながっていることも確かです。④変化・成長しながら、一つの個体として時間をこえてつながっている、これも生きものの特徴です。ロボットには、このような変化や成長はありません。

次に、生まれ方を見てみましょう。ロボットはだれかが組み立ててつくったものですが、本物の犬をつくることはできません。犬は、母犬から生まれます。あなたにも、両親がいて、お母さんから生まれました。そして、両親もその両親、（　B　）、あなたのおじいさんとおばあさんがいたから生まれてきたのです。こうしてたどっていくと、地球上の生命の始まりにまでさかのぼれます。チロもあなたも、長い長い生命の歴史があったから生まれたのです。⑤どんなによくできたロボットでも、このようにして子孫を残すことはできません。

本物の犬と犬型ロボットとをくらべながら、生きものの特徴を見てきました。生きものは、外の世界とつながり、一つの個体としてつながり、長い時間の中で過去の生きものたちとつながるというように、さまざまなつながりの中で生きていることがわかりました。このつながりこそが、生きものの生きものらしいところであり、ロボットとのちがいです。

あなたは生きものです。（　C　）、たくさんのつながりをもっています。身の回りにある水や空気、大勢の人びとや生きものたちとはもちろん、過去や未来ともつながっています。あなたは、今日もあなたであり、明日もあなたであり続ける、たった一つのかけがえのない存在です。と同時に、あなたは、あなた以外のすべてとつながっているのです。そう考えると、自分をたいせつにすることと他をたいせつにすることはおなじことだという気持ちになりませんか。そして、今、あなたが生きものとして生きているということが、とてもすてきなことに思えてきませんか。

（中村桂子「いのち愛《め》づる生命誌『あそぶ』」による）

問一　（　A　）～（　C　）にあてはまることばとして最もふさわしいものを次から選び、それぞれ記号で答えなさい。

ア　つまり　　イ　だから　　ウ　でも　　エ　ところで

問二　――線①「必要なもの」とは具体的には何を指しますか。これより前からすべて抜《ぬ》き出しなさい。

問三　——線②「生きものとおなじに見えますね」とありますが、どういう点がおなじに見えるのですか。次の文の[Ⅰ]、[Ⅱ]にあてはまることばを、それぞれ指定の字数で文中から抜き出して答えなさい。

ロボットが[Ⅰ（十七字）]している点と、生きものが[Ⅱ（十二字）]をしている点がおなじに見えるということ。

問四　——線③「そのようなつながり方」とありますが、生きものはどのように外とつながっているのですか。その説明として最もふさわしいものを次から選び、記号で答えなさい。

ア　動くためのエネルギーとなる食べ物を体内に取り入れたり、外に出したりすることをくり返すことで外とつながっている。
イ　動くためのエネルギーとなる食べ物を体外から取り入れ、活動が終わるまで体内に貯《た》めておくことで外とつながっている。
ウ　食べたものなどを分解したり吸収したりすることで変化させ、それによって自分の体を作ることで外とつながっている。
エ　食べたものを体内で分解して別の物質を作るが、そのほとんどを不要なものとして体外に出すことで外とつながっている。

問五　——線④「変化・成長しながら、一つの個体として時間をこえてつながっている」とはどういうことですか。その説明として最もふさわしいものを次から選び、記号で答えなさい。

ア　体の大きさやできることが変わっても、生まれてから死ぬまで自分であることは変わらないということ。
イ　犬と飼い主とはいっしょに成長し時間を共有していく中で、強いつながりを持つようになるということ。
ウ　同じものを食べたとしても、犬が人間になったり、人間が犬になったりすることは絶対にないということ。
エ　人間は年をとるにつれて見た目が大きく変わってしまうが、性格が変わることは死ぬまでないということ。

問六　——線⑤「どんなによくできたロボットでも、このようにして子孫を残すことはできません」とありますが、それはなぜですか。「ロボットは～」につながるように文中のことばを使って三十五字以内で説明しなさい。

問七　この文章について説明した文として最もふさわしいものを次から選び、記号で答えなさい。

ア　最初に生きものの特徴を挙げ、次にそれをくわしく説明し、後半で全体のまとめと自分の意見を述べている。
イ　生きものの特徴をロボットと比較《ひかく》しながら説明し、最後に読者に呼びかける形で自分の思いを述べている。
ウ　前半で生きものとロボットの特徴をそれぞれ評価し、後半で両者に対する自分の考えを述べている。
エ　最初に生きものとロボットの共通点、次に生きものだけの特徴、最後に自分の意見という順番で述べている。

問八　次は、四人の生徒が本文の内容について意見を述べたものです。この中から、本文の内容を正しく理解しているものを一つ選び、記号で答えなさい。

生徒　ア——筆者はいろいろなつながりについて述べていたけど、過去や未来とのつながりまで考えていたよね。たった一つのかけがえのない地球を生きものみんなでたいせつに守って、未来の人に渡《わた》そうと呼びかけていたね。

生徒　イ——科学技術が発達している今だからこそ、未来とのつながりは大事だと言っていたよ。子孫を残せるロボットを開発することで、今ある技術を未来に残そうと本文に書かれていたよ。

生徒　ウ——自分をたいせつにすることは他をたいせつにすることになるとも言っていたね。生きているものすべてが平等に扱《あつか》われる世界を、日々めざましい進歩をとげている科学の力で生み出したいと考えていたよ。

生徒　エ——生きものは代わりがきかないだけではなく、身の回りのすべてと関係していると言っていたよ。すべてがつながっているからこそ、自分も自分以外のものも大切にしようと言っているんだね。

【二】　小学四年生の「ぼく（ツヨシ）」とマコトは同級生です。「ぼく」の父親と、マコトの亡くなった父親（ヒロカズ）が幼なじみだったことがわかり、マコトは「ぼく」に父親を連れて自分の家に来るように頼《たの》みました。次は、お盆《ぼん》にマコトの家を「ぼく」の家族が訪れた場面です。読んで、後の問いに答えなさい。

パパもおばあちゃんも、なつかしそうに思い出話をする。パパの顔は少しずつ子どもに戻《もど》っているみたいだ。お盆には、昔の思い出も帰ってくるんだろうか。布団《ふとん》から出るのはひさしぶりだというおばあちゃんが、こんなに元気で楽しそうなのも――お盆だから、なんだろうか……。

なんて、ぼくまでしんみりしていたら、その雰囲気《ふんいき》をぶちこわすように、襖《ふすま》の向こうから「やだってば、絶対やだよ、こんなの！」とマコトの声が聞こえてきた。

「似合うわよ、かわいいじゃない」

「サイズもぴったり」

マコトのお母さんとウチのママが、二人で笑いながら言う。

「わたし、半パンのほうがいいっ、もう脱《ぬ》ぐっ」

ぷんぷん怒《おこ》るマコトを、二人は交互《こうご》に説得していた。

「そんなこと言わないの、マコト」「せっかくお盆なんだから」「そうよ、お父さんが帰ってくるんだから、見せてあげなきゃ」「お父さん、びっくりして、喜ぶわよ、絶対」……。

マコトは黙《だま》ってしまった。どうやら「お父さん」の一言が決め手になったらしい。

襖が開いた。

①ゆかたを着たマコトが、ちょっとすねた顔をして立っていた。

日が暮れるまで、パパはヒロカズさんの思い出話をとぎれることなく話しつづけた。どんどん出てくる。いつまでたっても終わらない。ヒロカズさんと仲良しコンビを組んでいた小学校時代を、まるごと再現しているみたいだ。

「よく覚えてるわよねえ」「ほんとほんと」と、マコトのお母さんとママは感心した顔でうなずき合っていた。

「やっぱり研究者だから、記憶《きおく》力がいいのねえ」――おばさん、ちょっとほめすぎかも、それ。

「精神年齢《ねんれい》が子どもっぽいだけよ、そんなの」――ママのほうが正しい。

でも、それにしてもよく覚えてる。

よっぽど仲が良かったんだな、パパとヒロカズさん。

②ジャンボやタッチの顔を思い浮《う》かべた。あいつらのこと、ぼくはオトナになっても、あんなにたくさん話せるだろうか……。

おばあちゃんはみんなと同じ部屋に敷《し》いてもらった布団に横になって、パパの話をにこにこしながら聞いている。うれしそうだ。でも、寂《さび》しそうでもある。

それはそうだ。だって、ヒロカズさんは、おばあちゃんにとっては息子《むすこ》ってことで、もしもぼくがママよりも先に死んじゃったら、ママは絶対に、何年たっても悲しむだろう。

もちろん、ぼくだって、もしもパパやママが……。

マコトをちらりと見た。

さっきから、マコトは黙ってマンガを読んでいる。ゆかたの裾《すそ》や襟元《えりもと》を気にしながら、おしゃべりを聞いているのかいないのか、なにもしゃべらずにマンガをめくるだけだ。お母さんが切ってくれたスイカにも手を伸《の》ばさず、カルピスも一口飲んだだけでほったらかしだから、氷が溶《と》けて薄《うす》くなってしまった。

みんな、マコトの大好きなお父さんの話をしてるのに。お父さんのタマシイが、今日、ウチに帰ってくるのに。

なんだか、マコト、怒ってるみたいなんだ。

「そろそろ迎《むか》え火をたきましょうか」

マコトのお母さんが言った。

おばあちゃんは布団に横になったままだった。昼間は自分でトイレに行けるぐらい元気だったけど、夕方になってから元気がなくなっていた。ママも外に出るとき、パパに小声で「騒《さわ》がしくしちゃったから疲《つか》れちゃったんじゃない？」と言って、「もうビールはだめよ」と軽くにらんだ。

迎え火は、焼き物のお皿の上で、麻《あさ》の茎《くき》に火をつける。お皿は「ほうろく」、ワラのような麻の茎は「おがら」と呼ぶんだとパパが教えてくれた。

火がついた。小さな炎《ほのお》がぼうっとあがる。

「ツヨシ」パパが言った。「お盆には亡くなったひとのタマシイが帰ってくるなんて、そんなの迷信《めいしん》だと思うか？」

「うん、まあ……」

④

「確かに科学的に説明していったら、そんなの『なし』だよなあ」
「だよね……」
「③でもな、パパは好きなんだ、一年に一度だけ亡くなったひとが帰ってくる、っていうの。実際には帰ってこなくても、いいじゃないか、生きてるみんなは毎日忙《いそが》しくて、なかなか亡くなったひとのことを思いだす時間はないけど、たまには……一年に一度ぐらいはいいよな、ゆーっくり、じーっくり、思いだしても」
最初はぼくを見ていたパパの目は、途中《とちゅう》からマコトに移った。マコトはしゃがみ込《こ》んで迎え火の炎をじっと見つめている。
「マコトくん」
パパの声に、マコトは炎を見つめたまま、「なに?」と聞き返した。
「今日は、おばあちゃん孝行したんだな」
え——?
④ちょっと、ワケわかんない。
マコトは返事をしなかった。でも、ぼくとは違《ちが》って「ワケわかってる」みたいな雰囲気だった。
パパは笑いながら、ぼくに百円玉を二枚渡した。「マコトくんと『当たり屋』に行ってこいよ」と言って、「お小づかいのことはママにはナイショだぞ」とこっそり付け加えた。

ゆかたにゲタばきのマコトは、『当たり屋』に向かう途中、何度もけつまずいて転びそうになった。
「あわてて歩くからだよ」とぼくが言っても、「よけいなお世話」と（　A　）言い返す。やっぱり機嫌《きげん》が悪い。でも、それ、なにかに腹を立ててるんじゃなくて、もっと寂しそうで、悲しそうで……毎週楽しみにして読んでいたマンガが、いきなり最終回になっちゃったときみたいな……。
「あーあ」
マコトは歩きながら、ため息をついた。「ツヨシのパパって、あんなにおしゃべりだとは思わなかったなあ」——って、パパの悪口?一瞬《いっしゅん》（　B　）したけど、マコトはすぐに「でも、あんなにうれしそうなおばあちゃん見るの、引っ越《こ》してきてから初めて」とつづけた。「ツヨシのパパが、お父さんのことをしゃべりまくってくれたおかげだよ」
「でも……マコトやおばさんだって、いつも話してるんだろ?」
「そんなことないよ。おじさんも言ってたでしょ、ふだんはお母さんも忙しいし、おばあちゃんも具合悪いし、思い出話なんてしてるヒマないもん」
それにね、とマコトは付け加えた。
「わたしやお母さんだと、オトナになってからのお父さんしか知らないんだもん。おばあちゃんは、子どもの頃《ころ》のお父さんの話を聞きたがってたの。だから今日、おじさんに来てもらうことにしたの」
⑤あ、そうか——やっとわかった。
マコトの言うとおり、パパが今日話していた思い出は、ぜんぶ、ヒロカズさんの子ども時代のものだった。おばあちゃんにとって、なによりも懐《なつ》かしい思い出だった。だから、マコトはずっと黙っていたんだ。マコトが話に加わると、懐かしさを半分コにしなきゃいけなくなる。おばあちゃんはヒロカズさんをひとりじめできなくなってしまう。
「おばあちゃん、いつもは二対一で負けてるんだよね。わたしとお母さんがコンビでお父さんのことを懐かしがってると、おばあちゃん、話に入れないの。だってオトナになってからのお父さんのこと知らないんだから」
「うん……」
「だから、たまにはおばあちゃんにも懐かしい思いをさせてあげたいじゃん」
マコトはうつむいて、（　C　）「おばあちゃんだって、いつ死んじゃうかわかんないんだから……」とつぶやいた。
ぼくはなにも言えない。
「がんばれよ」とか「元気出せよ」って、ちょっと違う。でも、ほかにどう言えばいいのかわからない。オレってガキだなあ、と思う。小学四年生が子どもなのはあたりまえなんだけど、でも、なんていうか、なんていうか……マコトはぼくの知らない悲しみを知っていて、それはとても大切な悲しみで、でも、できれば味わいたくない悲しみで、だけど、その悲しみを一生味わわずにいられるひとなんて、世界中どこにもいなくて……だから、ぼくもいつか……いつかは……パパや、ママや、友だちと……。
⑥くちぶえを吹《ふ》いた。
マコトのまねをしてみた。
悲しいときには、くちぶえ——。
でも、マコトみたいなきれいな音は出ない。かすれて、ふるえて、途《と》切《ぎ》れて、うまくいかない。
「ツヨシって意外と不器用なんだね」
マコトは笑って、お手本を示すように軽くくちぶえを吹いた。『きらきら星』のメロディーだった。ぼくも同じ曲を吹いた。へたくそだけど、マコトと息を合わせて吹いてみた。

（重松清「くちぶえ番長」新潮文庫刊による）

問一　（　A　）～（　C　）にあてはまることばとして最もふさわしいものを次から選び、記号で答えなさい。

ア　ぽつりと　　イ　のんびり　　ウ　そっけなく　　エ　ニヤリと　　オ　ムカッと

問二　――線①「ゆかたを着たマコトが、ちょっとすねた顔をして立っていた」とありますが、この時の「マコト」を説明したものとして最もふさわしいものを次から選び、記号で答えなさい。

ア　はじめからずっと嫌《いや》がっているのに、ゆかたを着た姿をみんなが口々に「似合う」とからかうので腹が立っている。
イ　みんなに強くすすめられたのでゆかたを着てみることにしたが、自分らしさを奪《うば》われたような気がして悲しくなっている。
ウ　恥《は》ずかしさをこらえてゆかたを着た姿をみんなに見せたのに、ツヨシだけがほめてくれないのでくやしくなっている。
エ　父親のことを持ち出されたのでしぶしぶ説得にしたがったものの、ゆかたを着ていることに照れくささを感じている。

問三　――線②「ジャンボやタッチの顔を思い浮かべた」とありますが、このとき「ぼく」はどのような気持ちだったと考えられますか。最もふさわしいものを次から選び、記号で答えなさい。

ア　ジャンボやタッチの顔を今思い浮かべることは簡単だが、大人になったら忘れてしまいそうだと不安になっている。
イ　身近な友人であるジャンボやタッチとの関係と比べて、父とヒロカズさんのつながりの強さを改めて感じている。
ウ　ジャンボやタッチ以外に親しい友人の顔を思い浮かべることができず、友達の少なさにさびしさを感じている。
エ　親友だと思っていたジャンボやタッチだが、二人との楽しい思い出が少ないことに気づきショックを受けている。

問四　――線③「でもな、パパは好きなんだ」とありますが、なぜ「好き」だと考えられますか。最もふさわしいものを次から選び、記号で答えなさい。

ア　お盆に子どもやお年寄りが集まって亡くなった人のタマシイをお迎えし、亡くなった人を思いだすことが、その人への一番のなぐさめになると考えているから。
イ　亡くなった人のタマシイが帰ってくるということは科学的にありえないので信じていないが、忙しい現実を忘れるのに都合がいい考え方だと思っているから。
ウ　亡くなった人のタマシイが帰ってくるということは科学的にありえないかもしれないが、亡くなった人のことをゆっくり思いだす貴重な時間だと考えているから。
エ　子どものころから何度も聞いてきたこともあり、多くの人が否定したとしてもお盆は亡くなった人のタマシイが帰ってくる貴重な日だと思っているから。

問五　――線④「ちょっと、ワケわかんない」、――線⑤「あ、そうか――やっとわかった」に関して、生徒たちが話しています。会話が完成するように、［Ⅰ］、［Ⅱ］に入ることばを文中のことばを使ってそれぞれ指定の字数以内で書きなさい。

Aさん　――線④で「ワケわかんない」と言っていた「ぼく」が、――線⑤では「やっとわかった」と言っているけど、何がわかったのかな。
Bさん　マコトのしたことが「おばあちゃん孝行」になったということがわかったんだよ。
Cさん　マコトが「ぼく」のパパを招待したことで、パパは［Ⅰ（二十字以内）］ことができたよね。
Dさん　それから、マコトがずっと黙っていたことで、おばあちゃんは［Ⅱ（十五字以内）］ことができたじゃないか。
Aさん　ほんとだね。マコトのしたことは「おばあちゃん孝行」になっているね。「ぼく」はそのことがわかったんだね。

問六　――線⑥「くちぶえを吹いた」とありますが、このときの「ぼく」を説明したものとしてふさわしいものを次から二つ選び、記号で答えなさい。

ア　マコトの深い悲しみを本当に理解することは難しいが、少しでもマコトの気持ちに近づこうとまねをしている。
イ　自分には答えが出せない疑問ばかりが浮かんでくるので、これ以上考えずにすむように別のことをしている。
ウ　親しい人たちとの別れを想像して悲しい気持ちになってしまったので、気持ちをまぎらわせようとしている。
エ　マコトのように器用になれないが、少しでもマコトの力になれるようくちぶえをひたすら練習しようと決めている。
オ　悲しみをかかえるマコトを応援《おうえん》することばが思い浮かばないので、マコトのまねをして時間をかせごうとしている。

問七　「ぼく」と「マコト」の人物像を説明したものとして最もふさわしいものをそれぞれ次から選び、記号で答えなさい。

ア　優しくほがらかな性格だが、ことばづかいやふるまいに自分勝手さがみられる人物。
イ　自分なりの考えを持ち、勝ち気な面もあるが、周囲へのやさしさを忘れない人物。
ウ　周りからの評価をいつも気にしており、冷静で大人びたふりをしている人物。
エ　ものごとをすなおに受けとめ、人の気持ちを思いやることができる人物。
オ　田舎《いなか》の風習を知らない面も見られるが、好奇心《こうきしん》を持ってものごとに取り組む人物。
カ　まじめすぎるところがあり、すべてのことに対して消極的になりがちな人物。

問八　この文章の特徴について述べたものとして最もふさわしいものを次から選び、記号で答えなさい。

ア　登場人物が次々に入れ替《か》わるが、ひとりひとりの気持ちをていねいに描《えが》くことで、人間の優しさが感じられる話である。
イ　小学生の「ぼく」を主人公とすることで、登場人物の思いを簡潔に描くことができており、読者にも理解しやすい話である。
ウ　「ぼく」の視点を通して描かれており、読者も「ぼく」と共に過去のことや人々の思いを次第に理解していける話である。
エ　語り手が途中で変わることで、読者がさまざまな視点から場面の展開を見つめられるように工夫されている話である。

【三】次の語句に関する問いに答えなさい。

問一　次の各文の――線部についてカタカナは漢字に直し、漢字はひらがなで読みを書きなさい。

①　キケンな場所を避《さ》けて通る。
②　代表者としてのセキニンを果たす。
③　若者を新たな世界へとミチビく。
④　会場に特別席を設ける。
⑤　最近は屋外に出る機会がかなり減った。

問二　次の①～③の漢字の部首名をそれぞれひらがなで答えなさい。

①　体　②　快　③　然

問三　次の各文の（　　）には体の一部を表す漢字が入ります。最もふさわしいものを後の語群からそれぞれ選び、慣用句を用いた文を完成させなさい。

①　説明を聞きながら彼は何度も（　　）をかしげていた。
②　妹のわがままはひどすぎて（　　）に負《お》えない。

（語群）

目　手　耳　口　首

問四　次の各文の～～～線部のことばが修飾する部分をそれぞれ選び、記号で答えなさい。

①　確かに　私は（ア）　あの時（イ）　だれの声も（ウ）　聞こえていなかった。（エ）
②　かなり　前に（ア）　その場所には（イ）　一度だけ（ウ）　行ったことがある。（エ）

（注意）解答はすべて解答用紙に記入しなさい。
(45分)

1 次の計算をしなさい。

(1) $6\times3-9\div3$

(2) $2024\div(5\times9-1)$

(3) $\frac{2}{3}\times\frac{1}{7}+\frac{1}{4}$

(4) $\frac{3}{8}\div1.5\times18$

(5) $6.2\times1.7-7.29$

(6) $2.5\times23-2.5\times19$

2 次の □ を正しくうめなさい。

(1) $54\div(26-2\times\square)=9$

(2) 時速 84 kmで 25 分間進んだときの道のりは □ kmです。

(3) 1200 gの 8 割は □ gです。

(4) 5 つの数 2，$1\frac{1}{2}$，$\frac{7}{5}$，1.2，$\frac{5}{3}$ のうち，2 番目に大きな数は □ です。

(5) Aさんの国語，社会，理科のテストの平均点は 72 点でした。算数のテストは □ 点だったので，4 教科の平均点は 75 点になりました。

(6) 円周の長さが 50.24 cmの円の半径は □ cmです。ただし，円周率は 3.14 とします。

(7) 対角線の長さが 5 cmと x cm，面積が y cm^2 のひし形があります。このとき，x と y の関係を式に表すと，$y=$ □ となります。

3 次の各問いに答えなさい。

(1) ある中学校の 1 年生の女子生徒の人数は 72 人です。男子生徒と女子生徒の人数の比は 11：9 です。この中学校の 1 年生の生徒数は何人ですか。

(2) ある印刷会社では，ポスターを印刷するとき，200 枚までは 12 万円かかり，200 枚をこえた分については，1 枚につき 200 円かかります。この印刷会社でポスターを印刷すると，15 万円かかりました。何枚印刷をしましたか。

4 整数に対して，次のようなルールで操作を何回かくり返します。

【ルール1】偶数は 2 で割る

【ルール2】奇数は 3 を引いて 2 で割る

例えば，10 から始めて，この操作を 2 回くり返すと次のようになる。

10 → 5 → 1

(1) 24 から始めて，この操作を 4 回くり返します。下のア，イにあてはまる整数を答えなさい。

24 → □ → ア → □ → イ

(2) この操作を 2 回くり返して，5 になりました。どんな整数から始めるとよいですか。すべて答えなさい。

（注意）解答はすべて解答用紙に記入しなさい。

5 図のような長方形 ABCD があります。点 P は辺 AD 上を，点 Q は辺 BC 上をそれぞれ一定の速さで往復しています。グラフ ①，② は，2 点 P，Q がそれぞれ A，B を同時に出発したときの AP，BQ の長さと時間の関係を表したものです。次の問いに答えなさい。

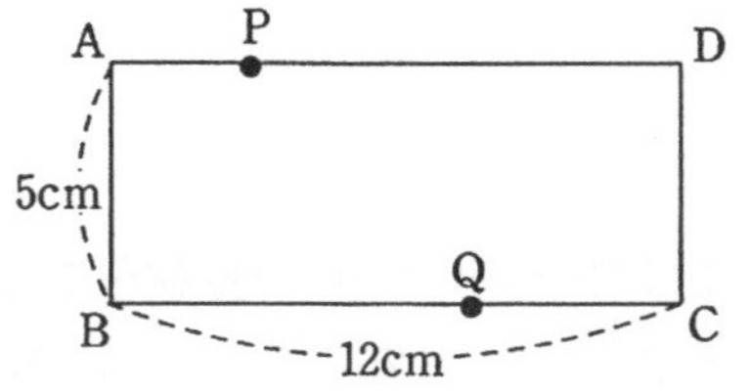

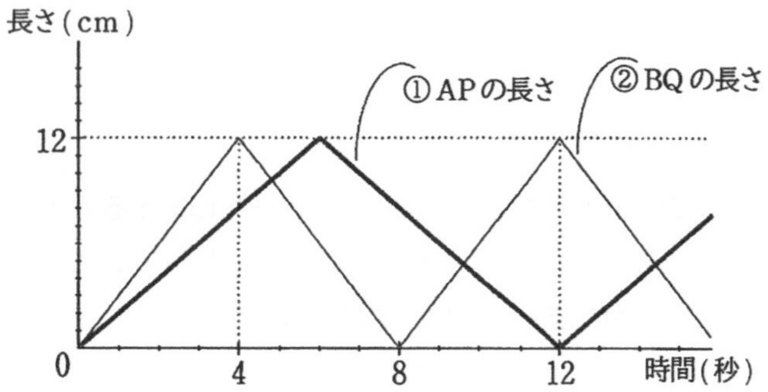

(1)　2 点 P，Q の速さは，それぞれ秒速何 cmですか。

(2)　2 点 P，Q が同時に出発してから 4 秒後の台形 ABQP の面積を求めなさい。

(3)　AP の長さと BQ の長さが最初に等しくなるのは，2 点 P，Q が同時に出発してから何秒後ですか。

6 下の図は，機械 A と機械 B のそれぞれに，「あ」と書かれた紙を入れたときの様子を表しています。

例えば，「あ」と書かれた紙を機械 A，機械 B と続けて入れると，下の図のようになります。

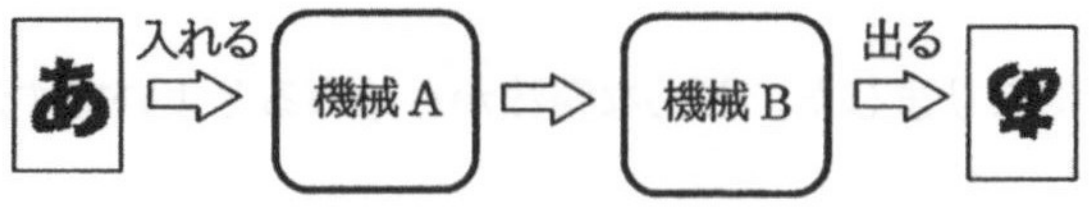

「い」と書かれた紙を機械 A，機械 B，機械 A と順に続けて入れると，どの図になりますか。1～4のうちから選びなさい。

1. 
2. 
3. 
4. 

7 下の図は，正五角形に対角線を 1 本書き加えたものです。あ，いの角の大きさを求めなさい。

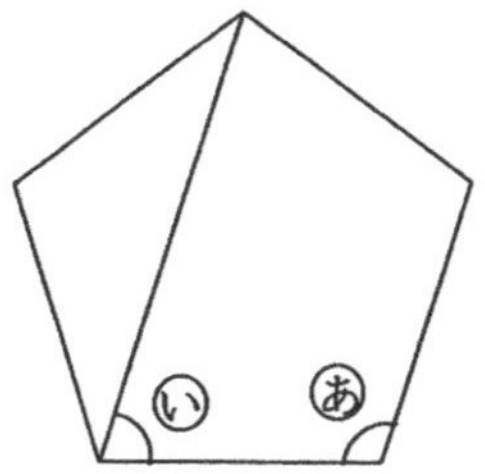

8 下の図のように，長方形の土地に 3 本の道（斜線《しゃせん》部分）を作りました。斜線部分の面積を求めなさい。ただし，3 本の道幅《はば》はそれぞれ一定であるとします。

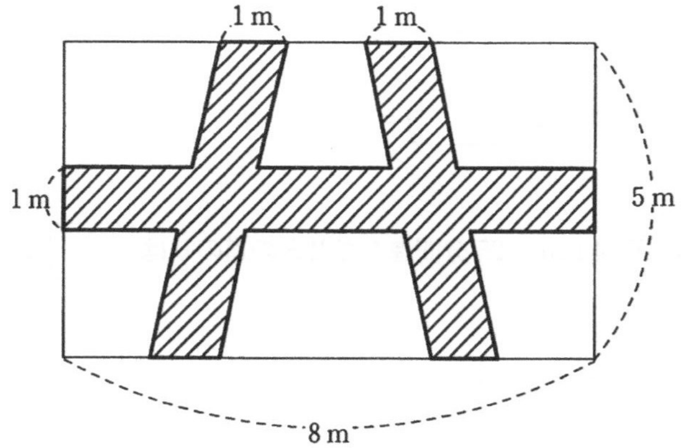

9 下の図は，いくつかの直方体を組み合わせて作った立体です。この立体の体積を求めなさい。

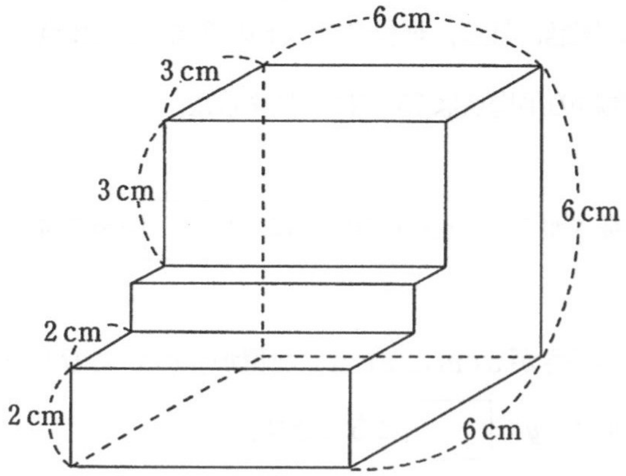

2024年度　　英　語　　福岡女学院中学校

（注意）解答はすべて解答用紙に記入しなさい

（45分）

※放送原稿非公表

1　それぞれの絵に関する英文①～④を聞き、最も適切なものを１つ選び、番号で答えなさい。英文はそれぞれ２回読まれます。

※教英出版注
音声は，解答集の書籍ＩＤ番号を教英出版ウェブサイトで入力して聴くことができます。

1.

①
②
③
④

2.

①
②
③
④

3.

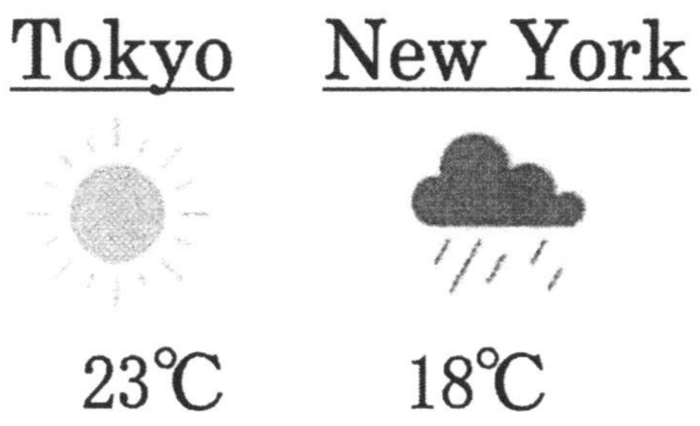

①
②
③
④

4.

		月	火	水	木
1	8:55 ｜ 9:40	国語	体育	国語	国語
2	9:45 ｜ 10:30	算数	音楽	算数	算数
3	10:45 ｜ 11:30	理科	家庭科	理科	社会
4	11:35 ｜ 12:20	社会	社会	図工	理科

①
②
③
④

2　次の対話を聞き、最も適切な応答を①～④の中から1つ選び、番号で答えなさい。対話はそれぞれ２回読まれます。

1. ① More than 10 dollars
② You're welcome.
③ It's really nice.
④ Your mom is kind.

2. ① I'll try.
② I think so.
③ I'm hungry.
④ I'm looking for a cookie.

3. ① OK, see you soon.
② No, I didn't win.
③ Yes, I know the game.
④ By bicycle

4. ① China or South Korea
② In my suitcase
③ For two weeks
④ The library

3　英文と質問を聞き、その答えとして最も適切なものを①～④の中から１つ選び、番号で答えなさい。英文と質問はそれぞれ２回読まれます。

1.　① From a supermarket
　　② From his friends
　　③ From his garden
　　④ From his parents

2.　① 2 kilometers
　　② 3 kilometers
　　③ 4 kilometers
　　④ 5 kilometers

3.　① His favorite sport
　　② His art class
　　③ His brother's camera
　　④ His hobby

4.　① Tonight
　　② Tomorrow night
　　③ Next Saturday
　　④ Next Year

4　対話とそのあとの質問を聞き、答えとして最も適切なものを①～④の中から１つ選び、番号で答えなさい。対話と質問はそれぞれ２回読まれます。

1.　① A chocolate cake
　　② A cheese cake
　　③ A strawberry cake
　　④ Fruit salad

2.　① In a train
　　② In a supermarket
　　③ In a car
　　④ In a movie theater

5　英語の説明を聞き、次の2つの質問の答えとして最も適切なものを①～④の中から1つ選び、番号で答えなさい。英文は2回読まれます。
（1回目と２回目の間に 20 秒の間があります。）

Tim's Tennis Club

Children Lesson

Days:　Monday to Thursday
Time:　4:30-(A) pm
Price:　$25

Adult Lesson

Days:　(B) and Sunday
Time:　2:00-4:00 pm
Price:　$40

Rentals

Tennis Shoes	$5
Tennis Racket	(　　)

1.Choose the correct answer for (A) and (B).
　① (A) 5:30 (B) Friday
　② (A) 6:00 (B) Friday
　③ (A) 5:30 (B) Saturday
　④ (A) 6:00 (B) Saturday

2.How much does it cost to rent a tennis racket?
　① $5
　② $8
　③ $10
　④ $15

＜これで、リスニングテストを終わります。ひきつづき、あとの問題を解いてください。＞

6 次の各文の(　　)に入れるのに最も適切なものを①～④の中から1つ選び、番号で答えなさい。

1. I was very (　　) to hear the news!
① excite　② excites　③ excited　④ exciting

2. Hurry up, (　　) we'll be late for the bus.
① and　② or　③ so　④ that

3. She always helps me (　　) my English homework.
① for　② in　③ to　④ with

4. Mt. Fuji is the (　　) mountain in Japan.
① high　② higher　③ highest　④ most high

5. Ken was studying (　　) his mother came home.
① when　② while　③ that　④ if

7 次の会話について、(　　)に入れるのに最も適切なものを①～④の中から1つ選び、番号で答えなさい。

1. A: Hello. This is Meg speaking. May I speak to Mike?
B: Speaking. (　　)
① What's up?　② You have the wrong number.
③ Can I leave a message?　④ Why don't you come with me?

2. A: You look very sleepy today.
B: Yes. (　　)
① I didn't study for a test.　② I slept well last night.
③ I have enough time to sleep.　④ I played a video game until 2:00 a.m.

3. A: Would you like something to drink?
B: Yes. (　　)
① Shall I bring it now?　② Can you drink it?
③ You mustn't give it to me.　④ I'll have tea.

4. A: Excuse me. How can I get to the station?
B: (　　)
① Sure. I'm looking for it.　② Sorry, I'm not from here.
③ You're welcome.　④ Of course, you have to go there.

5. A: May I help you?
B: Yes. I like this shirt. (　　)
① What's your size?　② The fitting room is over there.
③ May I try it on?　④ That sounds nice.

8 次の日本語の意味を表すように①～⑤の語(句)を並べかえて(　　)に入れたとき、2番目と4番目に来る語(句)を番号で答えなさい。ただし、{　　}の中では、文のはじめに来る語も全て小文字になっています。

1. 彼はテニスが上手です。
He { ① a　② tennis　③ is　④ player　⑤ good }.
→He (　　)(2番目)(　　)(4番目)(　　).

2. どのくらいあなたはここに滞在する予定ですか。
How { ① you　② to　③ long　④ going　⑤ are } stay here?
→How (　　)(2番目)(　　)(4番目)(　　) stay here?

3. この町には博物館はありません。
{ ① have　② any　③ doesn't　④ museums　⑤ this town }.
→ (　　)(2番目)(　　)(4番目)(　　).

4. あなたにお好み焼きの作り方を教えましょう。
{ ① you　② to　③ I'll　④ how　⑤ show } make *okonomiyaki*.
→ (　　)(2番目)(　　)(4番目)(　　) make *okonomiyaki*.

9 次の英文を読んで、あとの質問の答えとして最も適切なものを①～③の中から１つ選び、番号で答えなさい。

1. I can fly in the sky and move for a long time. Some people enjoy riding me and the beautiful views. But I can't carry many people. I need hot air or gas to rise in the air. What am I?

①

②

③

2. I am used to see something well. Through me, you can see things bigger or nearer. When you use me, you don't have to hold me in your hand. You wear me in front of your eyes. I have two round pieces of glass. What am I?

①

②

③

10 次のチラシ(a leaflet)に書いてある情報について、あとの質問の答えとして最も適切なものを①～④の中から１つ選び、番号で答えなさい。

Travel by *Electric Bus

Our buses run *without oil or gas. If you take our buses, you'll help to keep the air clean.

*Fares

Child(6~12) **$2** **Adult**(13~) **$5**

Day Ticket

All *Ages **$7**

Timetable

Stop							
A	6:10	7:10	8:10	…	…	20:10	21:10
B	6:20	7:20	8:20	…	…	20:20	21:20
C	6:30	7:30	8:30	…	…	20:30	21:30
D	6:40	7:40	8:40	…	…	20:40	21:40
E	6:50	7:50	8:50	…	…	20:50	21:50
F	7:00	8:00	9:00	…	…	21:00	22:00

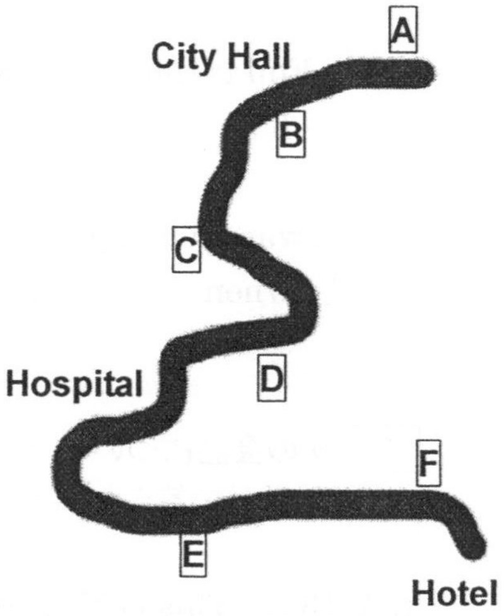

*electric:電気の *without～:～なしで *fare:運賃 *age:年齢

1. Mr. Brown will ride on the electric bus with his two children. One is 12 years old and the other is 8 years old. How much is it?
① $ 5
② $ 7
③ $ 9
④ $ 10

2. Which is true?
① The buses use oil or gas to run.
② The prices of day tickets are different by age.
③ It takes 10 minutes between each stop.
④ The last bus leaves Stop A before 9:00 p.m.

11　次の英文を読んで、あとの質問に答えなさい。

There is a lot of delicious food to eat in Japan. We can enjoy many kinds of food *such as Japanese, Chinese, and American food. People are very interested in food and TV shows about food are also very [　　　].

But do you know that there are many problems about our food? *Shrimp is one example. Today, we eat many shrimps. In 1960, only 625 tons of shrimps came from *abroad, but about 100,000 tons came in 2022. Now about 40% of these shrimps come from *Indonesia and *India. There are some big problems in these countries.

The first problem is oil. The boats to catch shrimps need a lot of oil. About 10 tons of oil is used to catch only one ton of shrimps!

The second problem is trees. It is difficult to catch enough shrimps in the sea. People began cutting down many trees to make big ponds because they wanted to grow shrimps (1)<u>there</u>. In Indonesia and India, they lost a lot of *forests and are still losing more forests now.

We enjoy eating a lot of food every day, (2)<u>but we do not know much about the problems behind this food</u>. It is important for us to try to understand these problems better.

<語注>
*such as　(例えば)～のような　　*shrimp　エビ　　*abroad　海外
*Indonesia　インドネシア　　*India　インド　　*forest　森林

問1　本文の[　　　]に入る最も適切なものを①～④の中から１つ選び、番号で答えなさい。
① right
② popular
③ late
④ difficult

問2　下線部(1)<u>there</u> が表すものを①～④の中から１つ選び、番号で答えなさい。
① in the ponds
② in the sea
③ in the boats
④ in the trees

問3　下線部(2)が意味することは何ですか。最も適切なものを①～④の中から１つ選び、番号で答えなさい。
① 私たちは毎日食事を楽しんでいることを意識していない。
② 私たちは毎日食べているものにはたくさんの種類があることを考えていない。
③ 私たちは食べているものの背景にはさまざまな問題があることをよく知らない。
④ 私たちは使っている食材にはどんな有害なものがあるか気にしていない。

問4　本文の内容に合うものを①～④の中から１つ選び、番号で答えなさい。
① In Japan, people ate more shrimps in 1960 than in 2022.
② The boats do not need much oil when they catch shrimps.
③ People need a lot of trees to make boats.
④ People are still cutting down trees in Indonesia and India.

12 次の英文を読んで、あとの質問に答えなさい。

One day a little boy and his mother went shopping at a shop. When his mother was buying something, he stood near the *shopkeeper's desk.

The shopkeeper had a bottle of sweets on his desk. When he saw the little boy, he picked up that bottle of sweets and said, "Have some sweets."

But the boy just stood there *silently and didn't take any sweets. The shopkeeper was surprised. He then said to him again, "Take sweets from the bottle," but the boy again didn't take any sweets from the bottle.

When his mother came back to the desk, she saw this and said to her son, "Dear, you can take some sweets." *Even then the boy didn't take any sweets from the bottle.

Because the boy did not take any sweets, the shopkeeper himself took some sweets from the bottle and gave them to him.

This time the boy *received the sweets. When the mother looked at him again, he was very happy to have a lot of sweets in his two hands.

When they were going home, the mother said to her son, "You didn't take any sweets from the bottle. Why?"

The boy *innocently said, "Mom, my hands are so small and I can only take a few sweets. But when the shopkeeper gave with his big hands, I got [　　　] sweets!!"

<語注>
*shopkeeper　店主　　*silently　黙って、何も言わずに
*even then　その時でさえ　　*received　～を受け取った
*innocently　無邪気に

問1 本文の内容に合うように、下線部に入れるのに最も適切なものを①～④の中から1つ選び、番号で答えなさい。

1. ____________________ when the shopkeeper talked to him.
① The boy was standing next to the shopkeeper's desk
② The boy picked up the bottle of sweets
③ The boy took some sweets from the bottle
④ The boy looked for his mother

2. The boy was happy to get some sweets when ____________________.
① the shopkeeper took them out
② the shopkeeper didn't say anything
③ his mother took some out from the bottle
④ his mother bought them

問2 本文中の[　　　]に入る適当なものを①～④の中から1つ選び、番号で答えなさい。
① smaller
② best
③ more
④ delicious

問3 本文の内容に一致するものを①～④の中から1つ選び、番号で答えなさい。
① The shopkeeper was eating sweets at the desk.
② The shopkeeper was surprised because the boy didn't take any sweets.
③ The shopkeeper was angry when the boy didn't say anything.
④ The mother bought some sweets and gave them to her son.

(45分)

1 次の各問いに答えなさい。

問1. ものが燃える前と燃えた後の変化を調べる実験を行いました。次の各問いに答えなさい。

＜実験＞

① ある液体をびんに入れておきます。

② 燃焼さじに火をつけた割りばしをのせ、びんの中にいれます。

③ 割りばしを取り出し、ふたをおさえびんをふります。

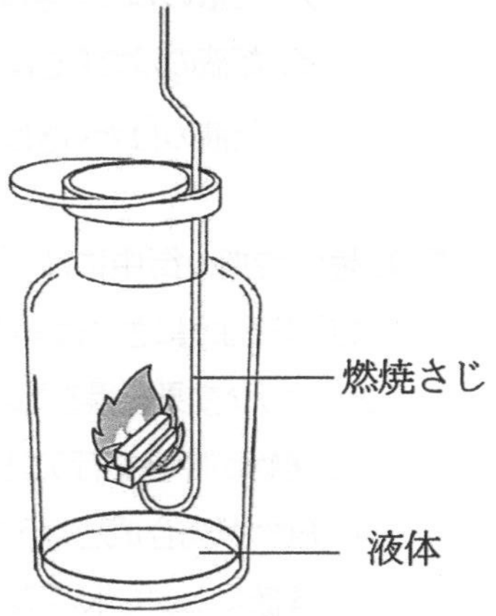

(ｉ) ②の様子を観察していると、しばらくは燃えましたがやがて火が消えました。なぜこのような結果になったと考えられますか。ものを燃やすはたらきのある気体の名前を使って答えなさい。

(ⅱ) ③の操作をすると、液体は白くにごりました。実験で使用した液体の名前と、この結果から確認できた気体の名前をそれぞれ答えなさい。

問2. ガラスのコップに冷たいオレンジジュースをそそぐと、コップの外側に水てきができました。水てきができた理由として正しいものをア～ウから１つ選び、記号で答えなさい。

ア. オレンジジュースの成分がガラスと反応して水てきができたから。

イ. 空気中の水蒸気が冷やされて水てきになったから。

ウ. ガラスについていた水てきが蒸発しているから。

問3. 水を加熱し続けると水中の底付近から A あわのようなものが出てきて、B 白い湯気もみられるようになりました。AとBの正体として正しいものをア～エから１つ選び、記号で答えなさい。

	A	B
ア	空気	小さい水のつぶ
イ	空気	水蒸気
ウ	水蒸気	小さい水のつぶ
エ	水蒸気	水蒸気

問4. モーターカーについて、次の各問いに答えなさい。

(ｉ) モーターカーを作り、走らせてみると進んでほしい向きと逆向きに進んでしまいました。これを改善するために必要な操作をア～オから１つ選び、記号で答えなさい。

ア. かん電池を１個から２個にし、直列つなぎにする。

イ. かん電池を１個から２個にし、並列つなぎにする。

ウ. かん電池の向きを反対にする。

エ. コイルの巻き数が多いモーターにかえる。

オ. コイルの巻き数が少ないモーターにかえる。

(ⅱ) 光電池をモーターカーにつけるとソーラーカーになります。このソーラーカーでは光が動きになる途中で何に変わっていますか。下の空らんに当てはまる語句を答えなさい。

光 →（　　）→ 動き

問5. 図１は飲み物が入っている缶《かん》、図２は缶の飲み口を開けるときに使用するつまみの部分を表しています。このつまみの支点・力点・作用点の組み合わせとして正しいものをア～エから１つ選び、記号で答えなさい。

	支点	力点	作用点
ア	D	C	A
イ	C	D	A
ウ	C	A	D
エ	B	A	D

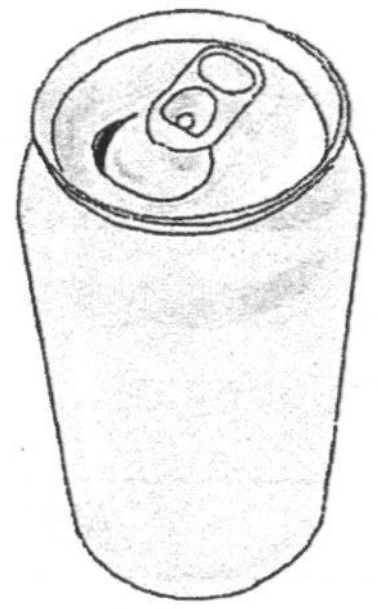

図１

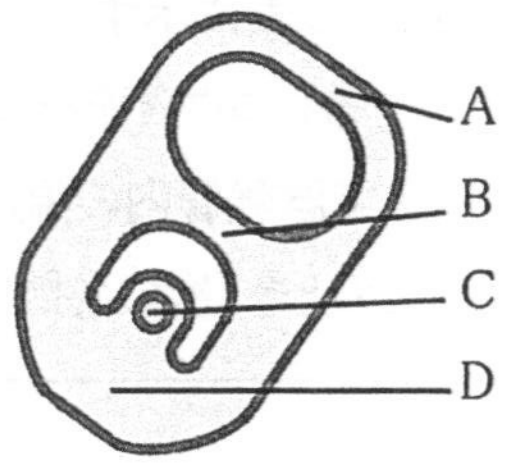

図２

問6. 日の当たる場所にかわいた落ち葉を集め、虫眼鏡を落ち葉の上にもってきました。しばらくすると、落ち葉からけむりが出てきました。このときの虫眼鏡のはたらきとして正しいものをア～エから１つ選び、記号で答えなさい。

ア. 太陽の光をあつめた。

イ. 太陽の光をはねかえした。

ウ. 太陽の光を見やすくした。

エ. 太陽の光を広げた。

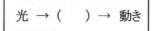

問7. 右図はヒトの体内を模式的に表したものです。次の各問いに答えなさい。

（i）血液の流れる向きを表した矢印A～Eのうち、誤っているものを1つ選び、記号で答えなさい。ただし、矢印 X は正しい血液の流れる向きを表しています。

（ii）右図のア～サの血管のうち、栄養分を最も多くふくんでいる血液が流れている血管を1つ選び、記号で答えなさい。

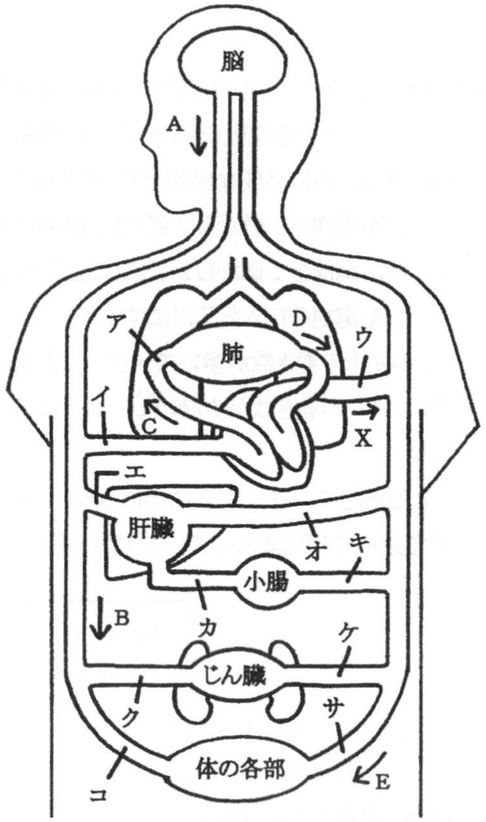

問8. 下の表に示すような試験管A～Eを用意します。それぞれの中身をよく混ぜ合わせておき、20分後にヨウ素液を加えて色の変化を調べたところ、下の表のようになりました。ただし、実験を通して試験管内の温度は一定であり、デンプン液の性質は温度によって変わらないものとします。このとき、次の各問いに答えなさい。

試験管		色の変化
A	5℃のデンプン液 ＋ 5℃のだ液	あり
B	40℃のデンプン液 ＋ 40℃のだ液	なし
C	80℃のデンプン液 ＋ 80℃のだ液	あり
D	40℃のデンプン液 ＋ 5℃にしてから40℃にしただ液	なし
E	40℃のデンプン液 ＋ 80℃にしてから40℃にしただ液	あり

（i）AとBとCの試験管を比べたときに分かることとして正しいものをア～ウから1つ選び、記号で答えなさい。

ア. だ液のはたらきは、温度によって変わることはない。

イ. だ液のはたらきは、温度によって変わる。

ウ. だ液のはたらきが温度によって変わるかどうかは分からない。

（ii）DとEの試験管を比べたときに分かることとして正しいものをア～ウから1つ選び、記号で答えなさい。

ア. だ液のはたらきは、5℃になっても失われないが、80℃になると失われる。

イ. だ液のはたらきは、80℃になっても失われないが、5℃になると失われる。

ウ. だ液のはたらきは、どのような温度変化をしても、40℃になると元に戻《もど》る。

問9. 暑い時期の街中には、「緑のカーテン」とよばれるような、植物を部屋の窓辺の支柱などにそって広がるようにさいばいをしている様子が見られます。これは、布のカーテンのはたらき以外にどのような効果を得るためのものですか。正しいものをア～エから1つ選び、記号で答えなさい。

ア. 植物が呼吸を行うことによって、二酸化炭素を減らすことができる。

イ. 植物が光合成を行うことによって、部屋に入る日光を減らすことができる。

ウ. 蒸散によって水が蒸発するときに周りの熱をうばい部屋に伝わる熱を少なくすることができる。

エ. 窓を開けていても、植物によって外からの視線をさえぎることができる。

問10. 下図はある地層のスケッチです。次の各問いに答えなさい。ただし、不整合面《ふせいごうめん》とは地層が海面の上に出てけずられたあとのことを示します。次の各問いに答えなさい。

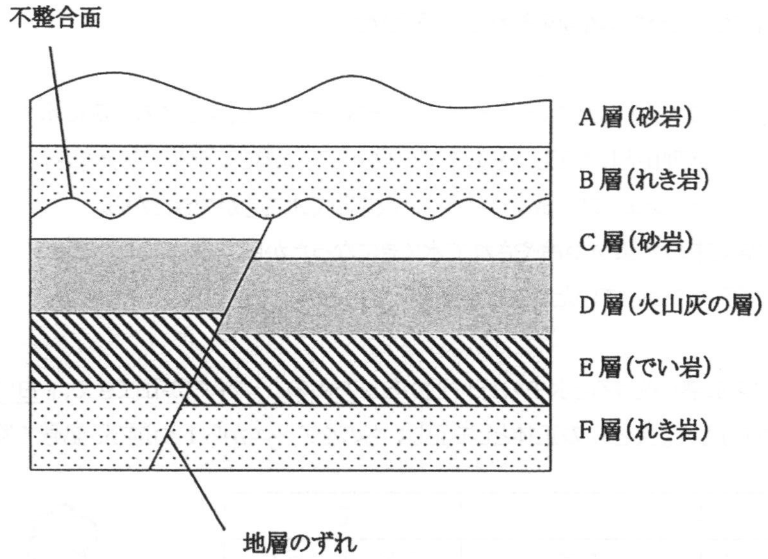

（i）D層にふくまれる火山灰をけんび鏡で観察した。そのときの結果として正しいものをア～エから1つ選び、記号で答えなさい。

ア. 丸いつぶが多く見られた。

イ. 生き物の化石が多く見られた。

ウ. 角ばったつぶが多く見られた。

エ. でい岩が多く見られた。

（ⅱ）この地層について説明した文のうち、誤っているものをア～エから１つ選び、記号で答えなさい。

ア. F層、E層、D層、C層、B層、A層の順にたい積した。

イ. ふくまれるつぶの大きさは、E層よりもF層のほうが大きい。

ウ. 地層のずれができたのは、火山の噴《ふん》火よりも前である。

エ. B層がたい積する前に、この地層は１度海面の上に出ている。

問11. 下図のA～Dの灰色の部分は、日本で見た月の形を表しています。これについて、次の各問いに答えなさい。

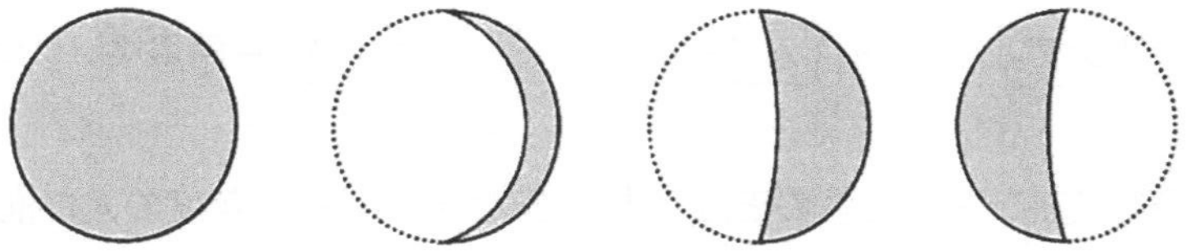

A　B　C　D

（ｉ）Cのような月が見える時間帯と方角の組み合わせとして正しいものをア～カから１つ選び、記号で答えなさい。

ア. 明け方の西の空　イ. 夕方の西の空　ウ. 真夜中の西の空

エ. 明け方の東の空　オ. 夕方の東の空　カ. 真夜中の東の空

（ⅱ）太陽と同じ方向に月があるとき、月は見ることができません。このときの月を何といいますか。

問12. 星の明るさ・色・動きに関する次の文のうち、誤っているものをア～エから１つ選び、記号で答えなさい。

ア. 夏の大三角形をつくる３つの星はすべて１等星である。

イ. 星の色は赤、白、青白など、星によってちがいがある。

ウ. 時間がたつと、星座の位置は変わるが、星の並び方は変わらない。

エ. 日本で見ることのできるすべての星は、時間がたつと同じ方向に動く。

[2] のぞみさんとひかりさんは、夏休みの自由研究で最近気になったニュースをもとに調べました。以下の問いに答えなさい。

のぞみさん

わたしは、インドの人口が[あ]を抜いて、世界で1位になったというニュースにおどろいたので、インドについて調べました。

インドというと、「カレー」や「おシャカ様の生まれた国」を思いうかべる人が多いでしょう。

「カレー」は、もともとインドから東南アジアで用いられている、さまざまな香辛料を混ぜあわせたものでしたが、しだいにこれを使った料理を「カレー」とよぶようになりました。今では世界中に広まっていますね。

「おシャカ様」は、①仏教をはじめた人です。インドは仏教が生まれた国ですが、②現在、インドで仏教を信仰している人はインドの全人口の 1 パーセントくらいだそうです。インドの多くの人は、今では③別の宗教を信仰しています。

インドは長く[い]の植民地となっていましたが、[い]から④1947年に独立しました。今では IT 産業がさかんな国になっていますが、それはインドの人たちが数学に強いのと、英語が公用語の一つになっているからだそうです。日本や多くの欧米諸国が、それぞれに⑤人口問題に悩まされているいっぽう、人口が増え続けているインドは、これからの世界の中でも重要な立ち位置をしめる国として期待されています。

問1. 文中の[あ]・[い]に当てはまる国名を答えなさい。

問2. 文中の下線部①について、次の文ア～ウは、日本における仏教の歴史について述べたものです。これを古いものから年代順に並び替え、記号で答えなさい。

ア. 最澄が、比叡《えい》山に延暦寺を建て、天台宗を広めた。

イ. 聖武天皇は、仏教の力で国を治めるため、全国に国分寺と国分尼寺をつくった。

ウ. 法然が、念仏をとなえて阿弥陀仏にすがる、浄土宗をひらいた。

問3. 文中の下線部②について、インドの全人口は 2024 年現在で 14 億人ほどですが、その 1 パーセントは何万人か、次のア～エのうちから最も近いものを1つ選び、記号で答えなさい。

ア. 1万4千人　　イ. 14万人　　ウ. 140万人　　エ. 1400万人

問4. 文中の下線部③について、現在インドの多くの人々が信仰する宗教は何か、次のア～エのうちから1つ選び、記号で答えなさい。

ア. ユダヤ教　　イ. ヒンドゥー教　　ウ. イスラーム教　　エ. キリスト教

問5. 文中の下線部④について、インドの独立運動の指導者として知られている人物の写真と名前の組み合わせとして正しいものを、次のア～エのうちから1つ選び、記号で答えなさい。

ア. [A]－ガンディー　　イ. [B]－ガンディー　　ウ. [A]－周恩来　　エ. [B]－周恩来

問6. 文中の下線部⑤について、次の表は日本の 2021 年度・2022 年度の人口推計について、4つの都道府県の人口をあらわしたものです。このうち、2022 年度に人口が増加した都道府県を表から抜き出して答えなさい。

【表】

	2021 年度	2022 年度
東京都	14,010	14,038
大阪府	8,806	8,782
愛知県	7,517	7,495
沖縄県	1,468	1,468

単位：千人

【総務省統計局 ホームページより作成】

ひかりさん

上の2枚の写真を見てください。2023年の5月に⑥G7サミットが広島県で開かれ、各国の首脳たちが宮島や原爆資料館などを訪問しました。写真はその記念に撮られたものです。

G7サミットは、主要国首脳会議ともよばれ、1973年におこった う をきっかけに、毎年開かれている国際会議です。G7サミットに関連して、少し調べてみると、⑦日本は「ジェンダーギャップ指数」においては、G7サミットを構成する主要7カ国のうち最下位だそうです。「ジェンダーギャップ指数」とは、世界経済フォーラム(WEF)が2006年からほぼ毎年発表している、男女の平等の度合いを示す数値です。政治、経済、教育、保健の4つの分野で、各国の男女の格差を数字であらわし、順位づけしています。近年、世界ではさまざまな課題があげられていますが、日本が世界の主要国とされる以上、「ジェンダーギャップ指数」については今後、もっと調べていきたい問題だと思いました。

また、わたしはさらに、G7サミットが開かれた広島についても勉強してみました。

広島は、古くから瀬戸内海の海上交通のかなめでした。平安時代には、平清盛が宮島に⑧厳島《いつくしま》神社をつくっており、清盛が海上交通を重視していたことがわかります。

戦国時代に、⑨広島をふくむ中国地方を治めた大名が太田川の三角州に城下町をきずいてから、広島の町は発展してきました。⑩明治時代には広島市内とその周辺に、陸軍・海軍の重要な施設がたくさんつくられました。広島が原爆投下の目標になったのは、そのためだといわれています。原爆資料館を見学した首脳たちは、⑪世界の平和を守るためにがんばってほしいと思います。

問7. 文中の う に当てはまる語を答えなさい。

問8. 文中の下線部⑥について、次の問いに答えなさい。

(1) G7の7カ国に含まれない国を次のア～エのうちから1つ選び、記号で答えなさい。

ア. カナダ　　イ. フランス　　ウ. イタリア　　エ. ロシア

(2) G7 広島サミットの共同声明では、以下の文のような構想が表明されました。文中(X)・(Y)に当てはまる語の組み合わせとして正しいものを、次のア～エのうちから1つ選び、記号で答えなさい。

(X) の海洋進出を念頭に、自由で開かれた (Y) を支持する

ア. X－ロシア　Y－北極海　　イ. X－ロシア　Y－インド太平洋

ウ. X－中国　Y－北極海　　エ. X－中国　Y－インド太平洋

問9. 文中の下線部⑦について、次の問いに答えなさい。

(1) 日本は、ジェンダーギャップ指数の 4 つの分野(政治、経済、教育、保健)のうち、2 つの分野で大きくおくれをとっています。その 2 つの組み合わせとして正しいものはどれか、以下の写真やグラフを参考にしながら、次のア～エのうちから１つ選び、記号で答えなさい。

ア. 政治・経済　　イ. 政治・教育　　ウ. 政治・保健　　エ. 経済・保健

【フィンランドのオルポ内閣】

【日本の岸田内閣】

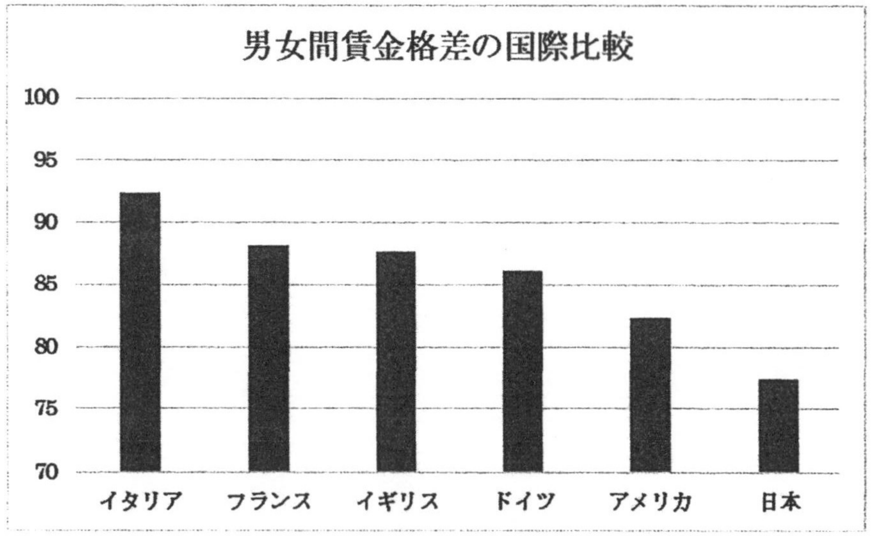

各国の働く男性の賃金を 100 とした場合、女性の賃金がどのくらいかをしめした数値。

【内閣府 男女共同参画局ホームページより作成】

(2) 右の写真は 1871 年に日本を出発した岩倉使節団に留学生として同行し、その経験を活かして、日本の近代的な教育の発展と女性の地位向上に力をつくした人物です。この人物の名前を答えなさい。

問10. 文中の下線部⑧について、平清盛が宮島に厳島神社をつくったころの日本のようすを、次のア～エのうちから１つ選び、記号で答えなさい。

ア. 後醍醐天皇によって、建武の新政がはじめられた。

イ. ポルトガル人によって、種子島に鉄砲が伝えられた。

ウ. 都が平城京に移され、律令にもとづく国づくりがすすめられた。

エ. 保元の乱で武士たちが実力を示し、政治に進出するきっかけとなった。

問11. 文中の下線部⑨について、戦国時代に広島を含む中国地方を治めた戦国大名を、次のア～エのうちから１つ選び、記号で答えなさい。

ア. 島津氏　　イ. 毛利氏　　ウ. 伊達氏　　エ. 大友氏

問12. 文中の下線部⑩について、明治時代のできごとを述べた文として誤っているものを、次のア～エのうちから１つ選び、記号で答えなさい。

ア. 地主の農地が小作人に分け与えられる、農地改革が行われた。

イ. ドイツの憲法を手本としてつくられた、大日本帝国憲法が発布された。

ウ. 天皇の名で新たな政治の方針を定めた、五か条のご誓文が出された。

エ. 満 6 歳以上の男女を小学校に通わせることを義務化した、学制を公布した。

問13. 文中の下線部⑪について、みなさんは小学校で「平和」について、どのようなことを学びましたか。学んだことや、考えたことを書いてみましょう。

3 次は、アメリカから日本にホームステイをしているエレナさんとクラスメイトのさゆりさん、先生の会話です。読んで後の問いに答えなさい。

先生　「エレナさん、日本とアメリカの生活で何かちがったところはありますか？」
エレナ「そうですねぇ。アメリカでも最近はくつをぬいで生活することもありますが、くつをぬいでくつろいだり、おふろに入ったりするのは、気持ちがよいです。」
さゆり「アメリカでは、くつをぬがないの？なぜ日本はくつをぬぐのが当たり前なんだろう？」
先生　「さゆりさん、右の写真はわかりますか。」

さゆり「弥生《やよい》時代の高床《ゆか》倉庫です。」
先生　「そうです。このころ人々は水田の近くにむらをつくって住み、稲《いな》作を行って生活していました。この倉庫の床面が地面からはなれているのは、なぜだかわかりますか。」
さゆり「収かくした作物をねずみや虫の害から防ぐためですか？」
先生　「そうです。他にも、日本は温暖で雨が多い気候であったので、昔から住居も土かべや①畳《たたみ》など、（ア）を吸収しやすい素材が使われていました。このようなことから、室内でもくつをぬいで快適に過ごしたと考えられています。」
さゆり「私も畳の部屋で過ごすと、汗《あせ》がひいていく気がします。」
先生　「②室町時代の後期から、部屋に畳をしきつめ、床《とこ》の間を設ける現代の和室のような住居のつくりが広がったのですよ。」
エレナ「以前、京都で金閣寺や③銀閣寺を見てまわったのですが、それらの建物も室町時代のものだと聞きました。」
先生　「そうです。④室町時代には、たくさんの文化も生まれました。日本の住まいもその土地の気候や風土のちがい、地域の特性に合わせて材料や建て方をこれまでも工夫してきたのですよ。」
エレナ「南北に地形が伸《の》びている日本は、今も地域によって家のつくりがちがうのですか？私はいつか沖縄にも行ってみたいです。」
さゆり「沖縄は、毎年夏には台風の通り道になっているので、家のつくりも（イ）などの特ちょうをもっているよ。」

問1. 下線部①について、畳の原料である「い草」の生産量が最も多い県を、次のア～エから1つ選び、記号で答えなさい。

ア. 秋田県　イ. 群馬県　ウ. 高知県　エ. 熊本県

問2. 会話文の文中、（ア）に当てはまる語句を答えなさい。

問3. 下線部②について、次の写真のような住居のつくりを答えなさい。

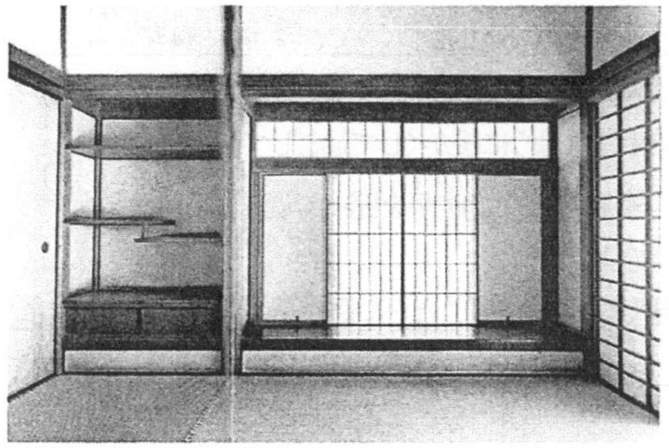

問4. 下線部③について、銀閣寺を建てた人物を次のア～エから選び、記号で答えなさい。

ア. 藤原道長　イ. 藤原頼通《よりみち》　ウ. 足利義政　エ. 足利義満

問5. 下線部④について、室町時代に生まれた文化ではないものを、次のア～エから1つ選び、記号で答えなさい。

ア. 能楽　イ. 歌舞伎《かぶき》　ウ. 水墨画《すいぼくが》　エ. 茶の湯

問6. 次の写真は、沖縄の伝統的な住居を示したものです。会話文の文中、（イ）に当てはまるように沖縄の家のつくりの特ちょうを1つ答えなさい。

エレナ「さゆりさん、日本の暑い夏は、どのように工夫して過ごしていますか？」

さゆり「最近は地球温暖化などのことも考えないといけないから、なるべく省エネを心がけるようにしているよ。電気を使わない方法としては、グリーンカーテンや打ち水をしたり、日本らしさで言うと、和紙でできている(ウ)で風を送ったり、(エ)の音を聞いたりするのも涼《すず》しさを感じることができるよ。」

エレナ「私も夏祭りに参加した時に(ウ)を使いましたが、とても環境によいと思います。」

先生　「⑤日本の家はもともと夏の気候に適したつくりで、環境《かんきょう》に負荷を与《あた》えず快適に過ごす工夫がたくさんありました。」

さゆり「じゃあ、アメリカでは、冬はどのように暖かくして過ごしているの？」

エレナ「エアコンもありますが、家族みんなで暖炉《だんろ》を囲って過ごしています。」

さゆり「すごい！暖炉があるのね！」

先生　「二人とも図1と図2を見てください。⑥これらの図から、季節によってエネルギーの使用に変化があるのがわかるでしょうか。」

図1　日本での一世帯当たりの光熱費(全国平均)の月間推移(2020年)　(単位:円)

	1月	2月	3月	4月	5月	6月	7月	8月	9月	10月	11月	12月
電気	12,232	13,201	13,100	12,117	10,541	9,153	8,585	9,661	11,206	10,152	8,965	9,137
ガス	5,850	6,326	6,360	5,947	5,328	4,563	3,862	3,511	3,192	3,240	3,987	4,581
他の光熱（灯油など）	2,494	2,617	2,048	1,336	643	387	234	201	242	555	1,105	2,317
上下水道	5,112	5,128	5,204	5,334	4,847	5,674	5,098	5,373	5,040	5,408	5,482	5,359

総務省　家計調査報告　2人以上の世帯より作成

図2　日本での世帯当たりの年間用途別エネルギー消費

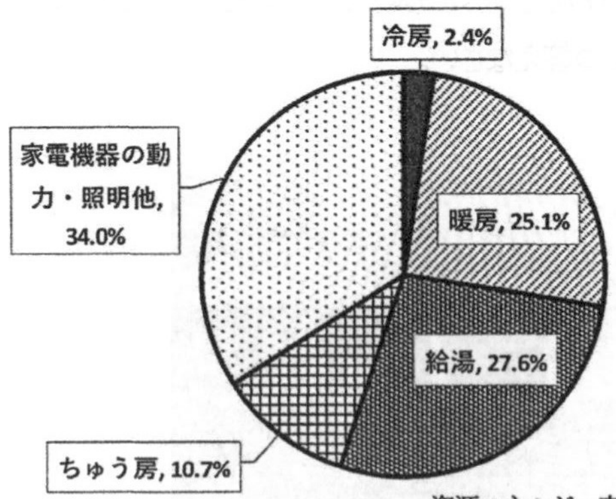

資源エネルギー庁「エネルギー白書2022」

問7. 会話文の文中、(ウ)と(エ)に当てはまる語句を答えなさい。

問8. 下線部⑤について、暑い夏に室内の環境をよくする対策として正しいものを、次のア～ウの中から1つ選び、記号で答えなさい。

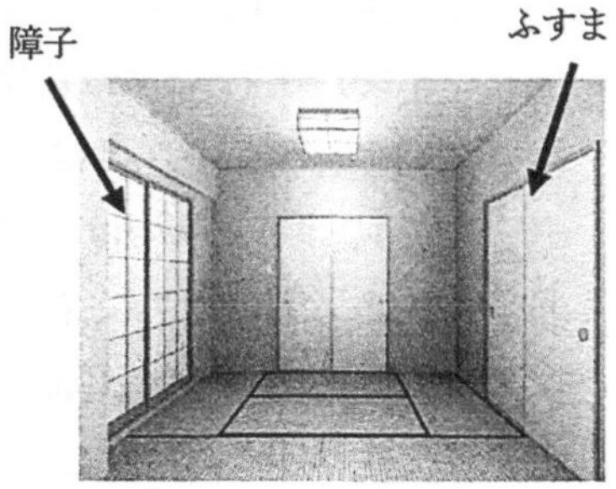

ア. ふすまや障子《しょうじ》などで太陽光を遮《さえぎ》り、開けると風通しをよくする。

イ. 細い竹で編んだすだれを窓の内側につるすことで、より効果的に日光の熱を遮る。

ウ. 窓や出入り口の上につき出た小さい屋根(ひさし)を、太陽高度の低い北側の窓にとりつけ、日中の日射しを遮る。

問9. 下線部⑥について、さゆりさんとエレナさんは、図1と図2からわかったことを次のようにまとめました。(オ)～(ケ)に当てはまる語句の組み合わせとして、正しいものを下のA～Eの中から1つ選び、記号で答えなさい。また、(コ)に当てはまる数字を計算して答えなさい。

図1より、光熱費に占《し》める割合は、毎月(オ)代が最も高くなっている。なぜなら、図2より、私たちの日々の生活に(カ)の利用は欠かせないものであり、用途《と》別エネルギー消費でも最も大きい割合を占めているからである。また、(キ)代は年間を通してほぼ変化がないのに対して、ガス代や他の光熱費は(ク)時期に高くなる。この時期は(ケ)などのため、より多くのエネルギーが必要になると考えられるからである。図2からも、暖房《ぼう》・給湯・ちゅう房(台所)での「熱」として使われるエネルギーが(コ)%を占めているのがわかる。

	オ	カ	キ	ク	ケ
A	電気	家電機器の動力・照明	上下水道	暑い	冷房
B	電気	ちゅう房	上下水道	寒い	給湯
C	電気	家電機器の動力・照明	上下水道	寒い	給湯
D	上下水道	家電機器の動力・照明	電気	寒い	給湯
E	上下水道	ちゅう房	電気	寒い	暖房

問10. 寒い冬に、電気やガスなどのエネルギー使用量を減らすためにあなたが工夫できることは何か、答えなさい。

先生「生活に必要なエネルギーには、いろいろな種類があります。近年は、石油や石炭などの限りある燃料からつくり出すエネルギーに対して、くり返し使うことができる再生可能エネルギーの活用も注目されています。図3を見てください。⑦2011 年以降、太陽光発電の普及《ふきゅう》が進んでいます。」

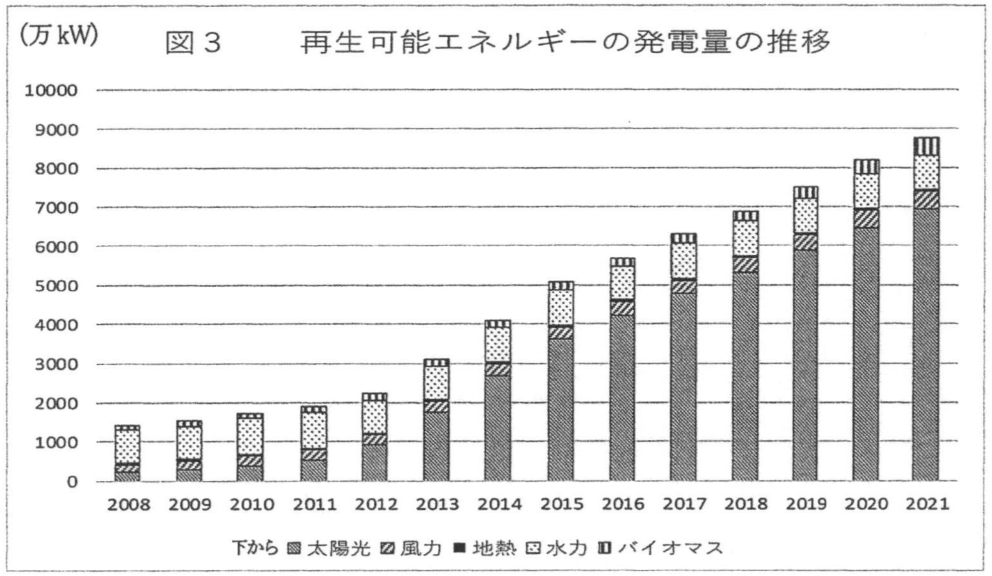

資源エネルギー庁「エネルギー白書 2023」

エレナ「日本は国土や平地の面積が限られているにも関わらず、太陽光発電量が増えているのは、すごいですね。」

さゆり「学校にも⑧太陽光パネルが設置されているよね。人にも自然にも優しい生活ができるようにならないといけないね。あ、そろそろ⑨そうじの時間だよ。」

エレナ「自分たちの使った教室をみんなでそうじする日本の文化も、大変すばらしいと思います。」

先生　「みんなで使うところだから、毎日きれいにしておきましょうね。」

問11. 下線部⑦について、太陽光発電などの普及が進む一つのきっかけとなったこの年のできごとは何か、答えなさい。

問12. 下線部⑧について、他の再生可能エネルギーの発電設備と比べて、太陽光パネルを設置しやすい点は何か、答えなさい。

問13. 下線部⑨について、次のア～エが正しい文章になるよう、{　}の中から正しいものを選び、記号で答えなさい。

ア. 室内のふきそうじは{ A. 下から上(床から天井)　B. 上から下(天井から床) }の順に行う。

イ. 畳にそうじ機をかける時は、畳の目と{ A. 同じ方向　B. 反対方向 }に動かすとほこりがよくとれる。

ウ. ぞうきんをしぼる時は、{ A. たてしぼり　B. よこしぼり }にする方が水気がよく切れる。

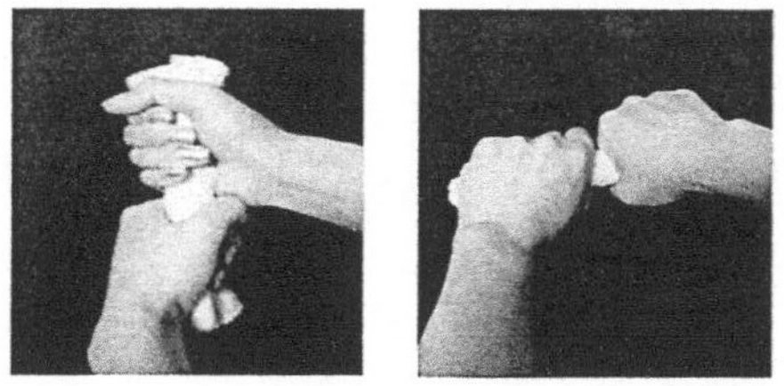

エ. 窓ふきは、{ A. 晴れた日　B. 曇《くも》りの日 }に行った方が、汚れがよく落ちる。

解答用紙

二〇二四年度　国語　福岡女学院中学校

受験番号

氏名

※100点満点
（配点非公表）

【一】

問一　A　B　C

問二

問三　Ⅰ　Ⅱ

問四

問五

問六　ロボットは

問七

問八

【二】

問一　A　B　C

問二

問三

問四

問五　Ⅰ　Ⅱ

問六

問七　ぼく　マコト

問八

【三】

問一　①　②　③　く　④　ける　⑤

問二　①　②　③

問三　①　②

問四　①　②

2024年度　算数　解答用紙　福岡女学院中学校

受験番号		氏名	

1

(1)		(2)		(3)	
(4)		(5)		(6)	

2

(1)		(2)	km	(3)	g	(4)	
(5)	点	(6)	cm	(7)	$y=$		

3

(1)	人	(2)	枚

4

(1)	ア		イ		(2)	

5

(1)	点Pは秒速　cm，点Qは秒速　cm	(2)	cm^2	(3)	秒後

6

7

あ	度	い	度

8

m^2

9

cm^3

※100点満点 （配点非公表）

受験番号		氏名	

2024年度　　　　　　英　語　　解答用紙　　　　　福岡女学院中学校

1

1.	2.	3.	4.

2

1.	2.	3.	4.

3

1.	2.	3.	4.

4

1.	2.

5

1.	2.

6

1.	2.	3.	4.	5.

7

1.	2.	3.	4.	5.

8

1.（2番目）	（4番目）	2.（2番目）	（4番目）	3.（2番目）	（4番目）	4.（2番目）	（4番目）

9

1.	2.

10

1.	2.

11

問1		問2		問3		問4	

12

問1	1.	2.	問2		問3	

※100点満点
（配点非公表）

2024年度 福岡女学院中学校 1月入試 総合問題
解答用紙

受験番号		氏名	

1

問1	(ⅰ)	(ⅱ)液体の名前：							
(ⅱ)気体の名前：	問2		問3		問4	(ⅰ)	(ⅱ)		
問5		問6		問7	(ⅰ)	(ⅱ)	問8	(ⅰ)	(ⅱ)
問9		問10	(ⅰ)	(ⅱ)	問11	(ⅰ)	(ⅱ)	問12	

2

問1	あ	い	問2	→ →	問3		
問4		問5		問6			
問7	う	問8	(1)	(2)	問9	(1)	(2)
問10		問11		問12			
問13							

3

問1		問2		問3		問4		問5	
問6		問7	(ウ)	(エ)	問8				
問9		(コ) %	問10						
問11		問12							
問13	ア	イ	ウ	エ					

※100点満点
（配点非公表）

二〇二二年度　国語　福岡女学院中学校　①

（45分）

（注意）①解答はすべて解答用紙に記入しなさい。②字数の指示がある場合は、句読点等を含《ふく》んで書くこと。

【一】次の文章を読んで、後の問いに答えなさい。

塾《じゅく》の講義が終わったあと、宿題のプリントをながめながら帰ろうとしていると、足立《あだち》くんが追いついてきた。足立くんは去年の末から、ぼくとは同じ塾に通っている。

ぼくが持つプリントの束《たば》を見て、足立くんが怖《おそ》れおののいたように言った。

「うひゃあ、それ全部次までにやってくる宿題かよ。やっぱハイレベルコースはやべえな」

そんなでもないよ、と①ぼくは愛想《あいそ》笑いでこたえた。実際、プリントをながめていたのは、帰宅中も進めていないと終わらないからではなく、空間図形の発展問題が解きがいがあっておもしろそうだったからだ。

足立くんといっしょの帰り道に、ぼくはいつも以上に居心地《いごこち》の悪さを感じていた。それはきっと、部活のみんなのカラオケのことを、ぼくがまだ引きずっているせいだ。そのせいで足立くんと自分を比較《ひかく》して、暗い気持ちになってしまうのだろう。

けれど足立くんは、そんなぼくの気も知らずに話をしてくる。

「それにしても飯島《いいじま》のやつ、なんであんなに優勝したがってるんだろうなあ。優勝したら給食が大盛りになるとか勘違《かんちが》いしてんじゃねえかな、あいつ」

話題が百人一首大会のことになると、足立くんが冗談《じょうだん》まじりにそう言った。ぼくも不思議に思っていたので、「そうだよね」と相槌《あいづち》を打った。

「特訓頑張《がんば》ってるみたいだけど、そんなに無理しなくたっていいのに。飯島さんにはほかに取《と》り柄《え》があるんだからさ」

「飯島の取り柄って、大食いなとこか？」

「そこじゃなくて、人気者で友達がたくさんいるところ」

そうだよ。そんなにすばらしい長所があるんだから、欲張らなくたっていいじゃないか。②ぼくは内心不満に思った。百人一首の札を完璧《かんぺき》に暗記できたって、ぼくが飯島さんのように、おおぜいの友達に慕《した》われることはない。

胸の中でため息をついていると、足立くんが尋《たず》ねてきた。

「清野《きよの》、たしか前におれにも言ったよな。人気者なんだから、テストの点数を気にしなくていいだろ、とか」・・・[A]

足立くんのその言葉に、ぼくは（　1　）してしまった。ぼくなんかとの些細《ささい》な会話を、足立くんがおぼえているとは思っていなかった。

「なるほど、もしかしてあれか。清野もおれみたいな超《ちょう》人気者になりたいのか！」

「まさか、違うよ！　ぼくが足立くんみたいになれるわけないじゃない！」

「いや、突《つ》っこんで！　そこは自分で超人気者とか言うなって突っこんで！」・・・[B]

足立くんが嘆《なげ》くので、ぼくは（　2　）謝った。

そのままうやむやにして、話題を変えてしまうこともできた。なのにぼくはなぜか、足立くんの横顔をちらっと見てから、「人気者になりたいわけじゃないけど」と話を続けていた。

「この前、足立くんが友達のミルメーク[注1]を集めて、すごく濃《こ》いコーヒー牛乳をつくってたでしょう。あれを見て思ったんだ。③ぼくにはあのコーヒー牛乳の味は、一生わからないだろうな、って。そう考えると、残念な気分になったりもしてさ」

足立くんは（　3　）した顔になった。だけど、そんな顔になるのもしょうがない。足立くんには、ぼくの気持ちはわかってもらえないだろう。

そう思っていたら、足立くんが戸惑《とまど》ったように言いかえしてきた。

「いや、なんだかよくわかんねえけど、べつに飲みたきゃ飲めるだろ。だってほら、牛乳の量を少なくしてから、ミルメークを混ぜればいいだけの話じゃん。そうすりゃ超濃いコーヒー牛乳ができるだろ？」・・・[C]

えっ、とぼくは首を傾《かし》げた。そしてたっぷり何秒間か考えこんでから、あっ、と声をあげてしまう。

足立くんの言うとおりだった。どうしてそんな簡単なことに気づかなかったのだろう。小学生でもわかりそうなものじゃないか。

ぼくは自分のまぬけさ加減に絶句した。けれどそれからすぐに、もしかすると、と思いなおす。

そう、もしかすると最初からあきらめていたから、驚《おどろ》くほど単純な方法にも、気づくことができなかったのかもしれない。足立くんのようになんてなれるわけがないと、そう思いこんでいたから。

「本気で気づいてなかったのかよ。清野ってめちゃくちゃ頭いいのに、結構ぬけてるとこあっておもしろいよな」・・・[D]

足立くんがおかしそうに言った。恥《は》ずかしさのあまり、[X]ような気分になりながら、同時にぼくはうれしさも感じていた。勉強ばかりのつまらないやつだ、と言われたことはあっても、おもしろいなんて言われたことは、これまで一度もなかったから。

「だいたい、飲みたかったんだったら飲みたいって言えよ。ノリでやったらマジ甘《あま》すぎできつかったんだから」

④冗談めかした足立くんの言葉に、ぼくはまたはっとした。

たしかに、そうすればよかったのかもしれない。ぼくにも飲ませて、とか、ぼくも混ぜて、とか、思いかえせばぼくはそんなふうに、自分から誰《だれ》かに声をかけたことがほとんどなかったような気がする。友達に囲まれて楽しそうにしている足立くんや飯島さんをうらやましがりながら、誰かと親しくなろうと積極的に行動することがなかったのだ。ぼくが教室で浮《う》いてしまっているのも、みんながぼくを敬遠するからじゃなく、ぼくのほうがみんなに近づこうとしなかったせいなのかもしれない。

それもまた、特濃《とくのう》コーヒー牛乳のつくりかたと同じで単純なこと。⑤これまでずっと気づかなかったのが、信じられないくらいに。

じゃあ、とぼくはためらいがちに言った。

「次にやったときは、[Y]」

「おう、もちろん……って、もうやらないっての！」

足立くんが平手の裏でぼくの胸をびしっ、と叩《たた》いた。なんだか漫才《まんざい》のコンビになったみたいで、ぼくはおかしくなってふきだしてしまった。

そんなぼくの反応を見て、足立くんも満足そうに笑った。

（如月《きさらぎ》かずさ『給食アンサンブル』光村図書出版より）

注1「ミルメーク」……粉末状の牛乳用調味料のこと。溶かすと牛乳がコーヒー牛乳味になる。

問一　（１）～（３）に入る言葉として最もふさわしいものを次から選び、それぞれ記号で答えなさい。

ア　ちらっと　イ　きょとんと　ウ　ドキッと　エ　クルッと　オ　おろおろと

問二　[X]に入る言葉として最もふさわしいものを次から選び、記号で答えなさい。

ア　へそで茶をわかす　イ　背に腹はかえられぬ　ウ　朱《しゅ》に交われば赤くなる　エ　穴があったら入りたい

問三　――線①「ぼくは愛想笑いでこたえた」とありますが、このとき「ぼく」はどのような気持ちでしたか。最もふさわしいものを次から選び、記号で答えなさい。

ア　問題がおもしろそうだから見ていただけなのだが、足立くんが感心してくれるので合わせておこうという気持ち。

イ　足立君はたいした量ではない宿題にもおおげさに驚いてくれるので、その優しさを大切にしようという気持ち。

ウ　この程度の量の宿題で驚いている足立くんは、塾に来ても成績が伸びることはないだろうと見下す気持ち。

エ　足立くんが周りの反応を気にせずに自分の気持ちを素直に表現していることをうらやましがる気持ち。

問四　――線②「ぼくは内心不満に思った」とありますが、なぜ「ぼく」は不満を感じたのですか。次の文の[I]、[II]に入る言葉をそれぞれ十五字以内で書きなさい。

飯島さんは、ぼくと違って[I]というすばらしい長所があるのに、[II]ということまで望んでいるから。

問五　――線③「ぼくにはあのコーヒー牛乳の味は、一生わからないだろう」とありますが、このとき「ぼく」はどういうことを思っていたと考えられますか。最もふさわしいものを次から選び、記号で答えなさい。

ア　自分には、濃いコーヒー牛乳をおいしいと思うことは大人になってもないだろうということ。

イ　自分には、ミルメークをゆずってほしいと友だちに頼む勇気は一生わかないだろうということ。

ウ　自分には、足立くんのようにたくさんの親しい友だちができることは一生ないだろうということ。

エ　自分には、欲望を満たすために友人のものをうばうことは大人になってもできないだろうということ。

問六　――線④「冗談めかした足立くんの言葉に、ぼくははっとした」とありますが、最初に「はっと」させられたのは足立くんのどの言葉でしたか。最もふさわしいものを文中の[A]～[D]から選び、記号で答えなさい。

問七　――線⑤「これまでずっと気づかなかった」とありますが、どういうことに「気づかなかった」のですか。文中の言葉を用いて三十字以内で書きなさい。

問八　[Y]に入る言葉として最もふさわしいものを次から選び、記号で答えなさい。

ア　うまく甘さを調節できる？

イ　ぼくにも少し飲ませてくれる？

ウ　欲しがったりしないからね

エ　がまんしないで残したらいいよ

問九　この文章についての説明として最もふさわしいものを次から選び、記号で答えなさい。

ア　足立くんに自分の気持ちを理解してもらおうと努力を続けた「ぼく」の様子が描かれている。

イ　心の通じ合う足立くんにはげまされて「ぼく」の心がなぐさめられていく様子が描かれている。

ウ　乱暴な言葉を使う足立くんとていねいな言葉を使う「ぼく」の会話がすれ違う様子が描かれている。

エ　全く性格の違う足立くんとの会話を通じて「ぼく」の考え方が次第に変化する様子が描かれている。

【二】　次の文章を読んで、後の問いに答えなさい。

お詫び
著作権上の都合により、文章は掲載しておりません。
ご不便をおかけし、誠に申し訳ございません。
教英出版

（山根一眞《かずま》・仲谷宏《ひろし》『日本のもと　技術』より）

注1　「原理」………ものごとの基本的な理屈《りくつ》。

④

問一 [a]、[b] に入る言葉として最もふさわしいものを次からそれぞれ選び、記号で答えなさい。

ア 豪華《ごうか》な　イ 簡単な　ウ 高度な　エ 有名な

問二 （ A ）～（ C ）に入る言葉として最もふさわしいものを次からそれぞれ選び、記号で答えなさい。

ア でも　イ つまり　ウ なぜなら　エ では　オ だから

問三 ――線①「大昔の人々は技術をみがき、道具をつくりつづけてきた」とありますが、なぜこのようなことをしたのですか。「ひ弱」、「自然界」という言葉を必ず用いて解答らんに合うように三十五字以内で書きなさい。

道具の性能を上げることで［　　　　　　　　　　］。

問四 ――線②「『火』と『言葉』」について、次の問いに答えなさい。

（1）「『火』と『言葉』」によって、どのようなことができるようになりましたか。「火」については、「～こと。」につながるように文中から十八字で抜《ぬ》き出しなさい。また、「言葉」については、文中の言葉を用いて四十五字以内で書きなさい。

（2）「『火』と『言葉』」を手に入れた人間について述べた文のうち、本文の内容として最もふさわしいものを次から選び、記号で答えなさい。

ア 地球上のほとんどの大陸で生活できるようになり、各土地に適応して栄えていった。
イ 自分の身体をより良く改造できるようになり、過酷《かこく》な環境《かんきょう》でも人口を増やしていった。
ウ 遠くにいる人に正確な情報を伝えられるようになり、文化の交流が盛《さか》んになった。
エ 鉄などの金属を加工できるようになり、独自の装飾品《そうしょくひん》を作って豊かに暮らすようになった。

問五 ――線③「人間だけが、道具と火と言葉をあやつり、地球上から宇宙にまで進出できるようになった」とありますが、その理由を次のようにまとめました。表中の [X] に入る言葉を文中から二字で抜き出して書きなさい。

ひとつめの理由	すばらしい観察力がそなわっていたから。
ふたつめの理由	よりよい生活への [X] が強かったから。

問六 国語の授業でこの文章を学習したクラスに、次のような【参考資料】が配られ、このことについて教師と生徒が会話をしています。読んで、後の問いに答えなさい。

【参考資料】

草におく露《つゆ》、葉上の水玉は、古来人々の詩情[注1]を誘《さそ》ってきた。最近では、ハイテク技術によって、水をはじく葉の表面構造をまねた、水をはじきやすい傘《かさ》などの雨具が開発されている。

（中略）

ゴボウやオナモミ[注2]は、実についているかぎ状のとげが、動物の毛にひっかかることで、動物に「ヒッチハイク」[注3]して種子を分散する。私たちの生活で日常的に使われている面ファスナー[注4]は、ゴボウの実の戦略にヒントを得て開発されたものである。

シロアリの塚《つか》の構造は、炎天下《えんてんか》でのエネルギーを投入しない空調を実現している。実際に、その原理は、ジンバブエ[注5]のスーパーマーケットの建築に応用されている。

このように、生物は、ヒトにとっても有用なあらゆる「戦略」のヒントを与《あた》えてくれる。

（鷲谷《わしたに》いづみ『〈生物多様性〉入門』岩波ブックレットより）

注1「詩情」…………詩に表したいと思う気持ち。
注2「オナモミ」…………キク科オナモミ属の一年草。果実に多数のとげがある。
注3「ヒッチハイク」……通りがかりの自動車に便乗させてもらって旅行を続けること。
注4「面ファスナー」……構造の違う二つの面どうしを押《お》し付けると、それだけで貼《は》り付くようになっている衣類などの留《と》め具。マジックテープ。
注5「ジンバブエ」………ジンバブエ共和国。アフリカ南部にある。

教師　「【参考資料】には、人間が自然を観察して得た知識をさまざまな技術に応用している例が挙げてありますね。読んで考えたことを話し合いましょう。」

生徒A　「ぼくは傘の例が興味深かったよ。葉を観察したことで［A］を発見し、それを、雨具を作る技術に応用しているなんて知らなかった。」

生徒B　「水をはじきやすい布で、今までできなかった実験ができるかもしれないな。そしてその実験で、何か新しいことが発見されて、それが新しい道具の発明につながるかもしれない。『［B］』っていう記述は、僕もそのとおりだと思った。」

生徒C　「私は面ファスナーの例がおもしろかった。［C］というゴボウの実の戦略が、私たちの生活に役立っているなんておもしろいな。」

生徒D　「自然を観察して技術を高めることは、現代の私たちの生活の中でも行われているんだね。」

（1）［A］に入る内容を【参考資料】から十一字で抜き出して答えなさい。

（2）［B］に入る文として最もふさわしいものを次から選び、記号で答えなさい。

ア　人間は、地球に生きる哺乳類の一種にすぎません

イ　ただ生きていくだけなら、自分が食べる分だけ獲物をとればいいわけです

ウ　技術は、世の中のいろいろな場面で生かされています

エ　科学と技術はつねに一体となって、人間の生活の向上に役立ってきた

（3）［C］に入る言葉を、【参考資料】の言葉を用いて三十五字以内で書きなさい。

【三】　次の語句の問いに答えなさい。

問一　次の各文の――線のカタカナは漢字に直し、漢字はよみを答えなさい。

①　学校と家のオウフクに時間がかかる。

②　私は彼のことをゴカイしていた。

③　病気をナオす。

④　雨天のため大会は延期となった。

⑤　夕日が水面に映えて美しい。

⑥　彼女はなかなか素顔を見せなかった。

問二　次の言葉と反対の意味を持つ言葉を漢字二字で書きなさい。

①　増加

②　理想

問三　～～線の言葉が修飾する部分をそれぞれ選び、記号で答えなさい。

①　この決定は、今後の　ア彼らの　イ歩みに　ウ必ず　エ生きてくるだろう。

②　林の中に、　ア美しく　イ紅葉した　ウ大きな　エ木が　オあります。

（注意）解答はすべて解答用紙に記入しなさい。

（45分）

1 次の計算をしなさい。

(1)　$30 \div 6 + 9$

(2)　$13 - (25 - 4 \times 3)$

(3)　$\frac{3}{5} \div \frac{9}{10} - \frac{1}{6}$

(4)　$\frac{4}{5} - 0.3 \times \frac{5}{9}$

(5)　$4.2 \div 3.5 - 0.73$

(6)　$8 \times 3.4 \times 1.25$

2 次の□を正しくうめなさい。

(1)　$15 + (32 - 5) \div \square = 18$

(2)　A さんは 4 時間で 18 km 歩きます。この速さで 3 時間歩いたとき，□ km歩くことができます。

(3)　1500 円の 25 ％は□円です。

(4)　下の表の x と y は比例しています。

x	2	4	□	10
y	3	6	7.5	15

(5)　A，B，C，D，E の 5 人から 2 人の係を選びます。選ぶ方法は全部で□通りあります。

(6)　ある三角形の底辺の長さを半分に，高さを 4 倍にした三角形の面積は，もとの三角形の面積の□倍になります。

(7)　半径が x cm，円周の長さが y cmの円があります。x と y の関係を式に表すと，$y =$ □ となります。ただし，円周率は 3.14 とします。

3 次の問いに答えなさい。

(1)　ある高さから落とすと，いつもその高さの 7 割の高さまではね上がるボールがあります。このボールが 2 回目に 147 cm の高さまではね上がったとき，最初にボールを落とした高さは何 cmですか。

(2)　ある空の水そうに，毎分 4 L の割合で水を入れて満水にする時間は，毎分 6 L の割合で水を入れて満水にする時間より 5 分長いです。この水そうに入る水の量は何 L ですか。

4 ある体操の大会では，7 人の審判《しんぱん》員が 1 ～ 10 点の点数をつけ，そのうち最高点と最低点を除く 5 人の点数の平均で得点が決まります。例えば，7人の審判員が 3 点，4 点，5 点，5 点，7 点，9 点，9 点をつけた場合，最高点の 9 点と，最低点の 3 点を除く 4 点，5 点，5 点，7 点，9 点の平均を計算し，演技の得点は，$\frac{4+5+5+7+9}{5} = 6.4$ 点となります。このとき，次の問いに答えなさい。

(1)　A さんが演技したとき，審判員が 5 点，5 点，6 点，8 点，8 点，9 点，10 点をつけました。このとき，Aさんの得点は何点ですか。

(2)　B さんが演技をしたとき，得点は5.4 点でした。このとき 6 人の審判員がつけた点数は 4 点，5 点，5 点，6 点，7 点，8 点でした。残りの 1 人の審判員がつけたと考えられる点数をすべて答えなさい。

（注意）解答はすべて解答用紙に記入しなさい。

5　15 kmはなれた A 地点と B 地点を往復するバスがあります。このバスは右の図のように運行しています。このとき，次の問いに答えなさい。

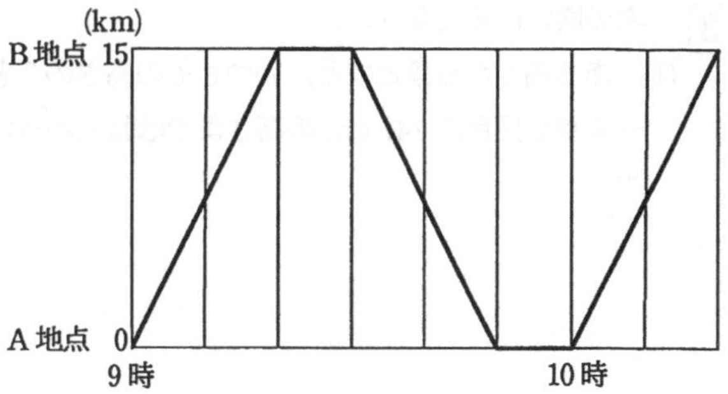

(1)　バスの速さは時速何 km ですか。

(2)　あつ子さんは，9 時 12 分 に A 地点を出発してバスと同じ道を B 地点まで走りました。このとき，B 地点から折り返してきたバスと 9 時 42 分 にすれちがいました。あつ子さんの走る速さは時速何 km ですか。

6　下の図は，正方形と正三角形を組み合わせてできた図です。アの角の大きさを求めなさい。

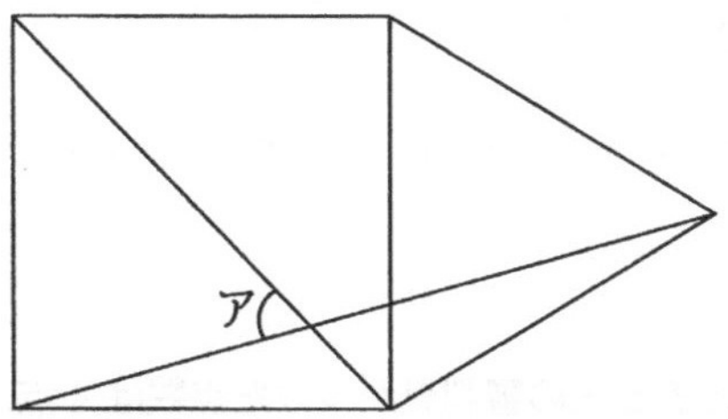

7　下の図は，AC= 8 cm，BC= 4 cm の直角三角形 ABC を，C を中心に 90° 回転させたものです。斜線《しゃせん》部分の面積を求めなさい。ただし，円周率は 3.14 とします。

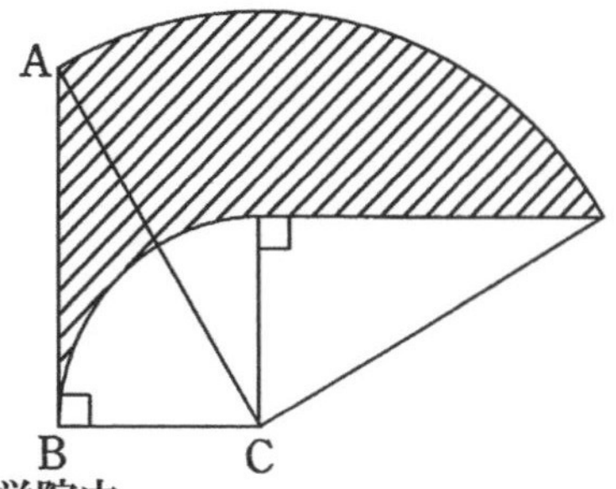

8　右の図は長方形を組み合わせた図形です。この図形を直線 AB の周りに 1 回転させてできる立体の体積を求めなさい。ただし，円周率は 3.14 とします。

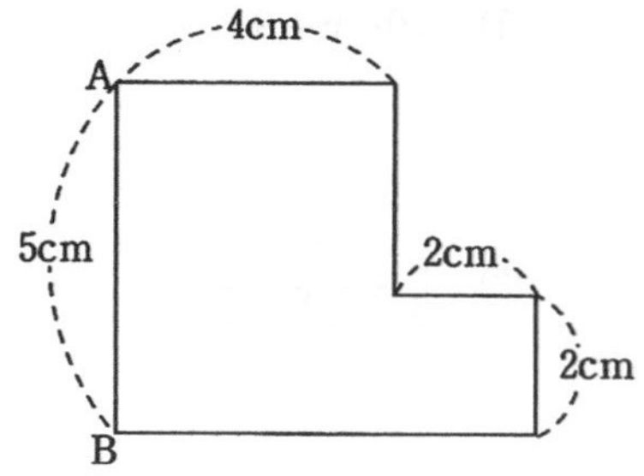

9　正方形の紙を，下の図のように四つ折りにします。次の各問いに答えなさい。

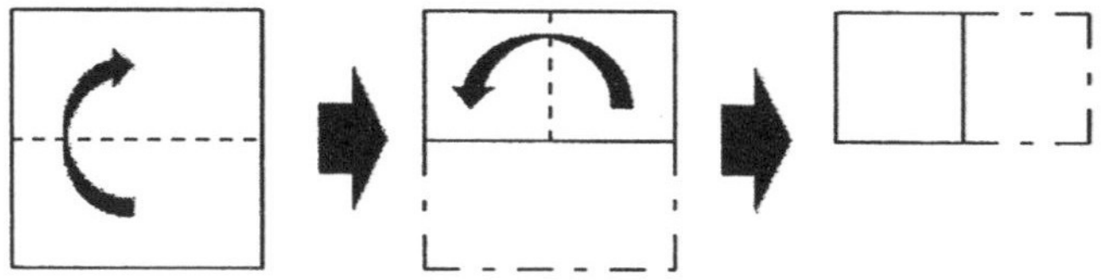

(1)　四つ折りにした紙から図 1 の斜線部分を切り取りました。紙を開くとどうなっているかア～エから 1 つ選びなさい。

図 1

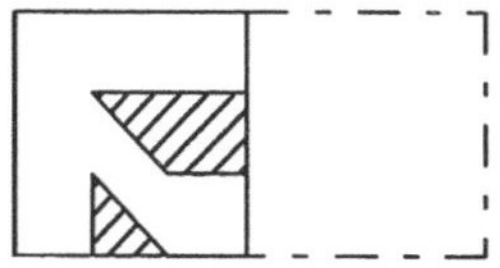

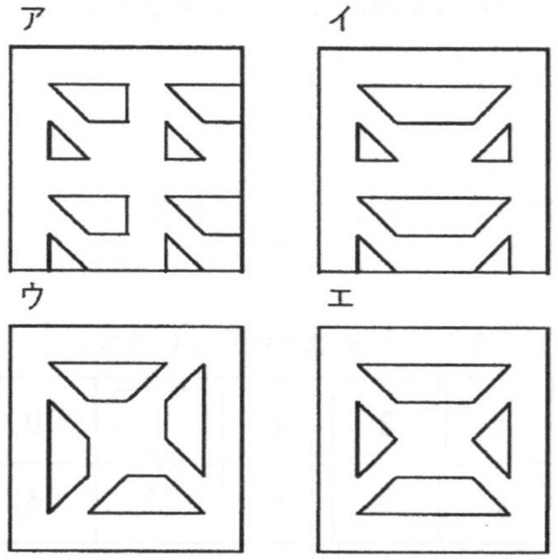

(2)　四つ折りにした紙から図 2 の斜線部分を切り取りました。AB=10 cm，CD=5 cmで，AB と CD は平行です。紙を開いたとき，残った部分の面積を求めなさい。

図2

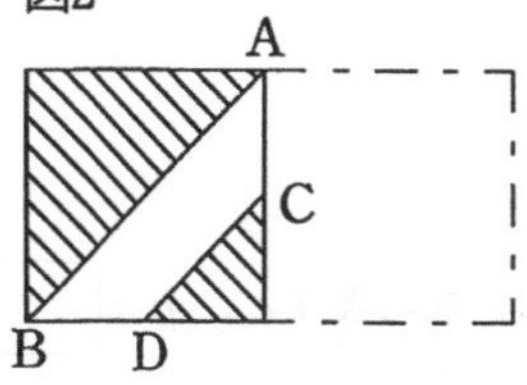

（注意）解答はすべて解答用紙に記入しなさい

（45分）　※音声と放送原稿非公表

1 それぞれの絵に関する英文①～④を聞き、最も適切なものを１つ選び、番号で答えなさい。英文はそれぞれ２回読まれます。

1.

①
②
③
④

2.

①
②
③
④

3.

①
②
③
④

4.

①
②
③
④

2 次の対話を聞き、最も適切な応答を①～④の中から1つ選び、番号で答えなさい。対話はそれぞれ２回読まれます。

1. ① Sounds fun. Let's go there.
   ② Two days
   ③ It's easy.
   ④ On Saturday

2. ① On Tuesday
   ② At nine o'clock
   ③ To the station
   ④ Ten minutes ago

3. ① At the gym
   ② I will practice harder.
   ③ It was fun.
   ④ I had a bad headache.

4. ① I'll do that.
   ② We'll study at the library.
   ③ We went to his house.
   ④ Yes, we will.

3 英文と質問を聞き、その答えとして最も適切なものを①～④の中から１つ選び、番号で答えなさい。英文と質問はそれぞれ２回読まれます。

1. ① In the morning
   ② In the afternoon
   ③ In the afternoon and evening
   ④ Tomorrow

2. ① A famous Korean Singer
   ② Her mother
   ③ Her father
   ④ Last night

3. ① One day every week
   ② Two days every week
   ③ Three days every week
   ④ Four days every week

4. ① A park
   ② His homework
   ③ A mountain
   ④ His bicycle

4　対話とそのあとの質問を聞き、答えとして最も適切なものを①～④の中から１つ選び、番号で答えなさい。対話と質問はそれぞれ２回読まれます。

1.　① She didn't like Italian food.
　　② She made some Italian food.
　　③ She studied Italian.
　　④ She went to a restaurant.

2.　① At a fish shop
　　② At his home
　　③ At his uncle's home
　　④ The library

5　下の表はプールの利用料金表です。表の説明とそのあとの質問を聞いて、答えとして最も適切なものをそれぞれ①～④の中から１つ選び、番号で答えなさい。英文と質問は2回読まれます。

The City Pool

Open from 9 a.m. to 6 p.m.
Closed on (A).

	Day Pass
Child	$5
Adult	$8

	Rental
Swim cap	$1
Towel	(B)
Goggles	$4

1.　① (A) Tuesdays　(B) $2
　　② (A) Tuesdays　(B) $3
　　③ (A) Thursdays　(B) $2
　　④ (A) Thursdays　(B) $3

2.　① $5
　　② $8
　　③ $13
　　④ $14

＜これで、リスニングテストを終わります。ひきつづき、あとの問題を解いてください。＞

6 次の各文の(　　)に入れるのに最も適切なものを①～④の中から1つ選び、番号で答えなさい。

1. My grandmother's (　　) is my father.
① aunt　② wife　③ brother　④ son

2. He is very (　　) at drawing anime characters.
① good　② nice　③ best　④ well

3. Mike went to the stadium (　　) the baseball game.
① see　② to see　③ saw　④ to seeing

4. Ken studied *French in high school and college. He now teaches (　　) to adults every night.
*French：フランス語
① him　② them　③ its　④ it

5. My brother and I (　　) home last night. We stayed at our grandmother's house.
① aren't　② wasn't　③ weren't　④ didn't

7 次の会話について、(　　)に入れるのに最も適切なものを①～④の中から1つ選び、番号で答えなさい。

1. A: Can you take this chair to the next room?
B: No, (　　). I am busy now.
① you can　② I can
③ you can't　④ I can't

2. A: Excuse me. Please tell me the way to the post office.
B: Sure. (　　).
① I'll show you　② I stayed there
③ Go away　④ I don't know

3. A: Hello. This is Mike. (　　)?
B: Just a minute, please.
① Will you call me back　② What is your phone number
③ May I speak to Mr. White　④ What is your name, please

4. A: (　　) come to school yesterday, Nancy?
B: I was sick in bed, but I feel good now.
① Where did you　② Why didn't you
③ Where didn't you　④ Why did you

5. A: I'll give you a test tomorrow, Kate. Are you ready?
B: No. (　　).
① I'm ready　② I'll study for it tonight
② It's in the classroom　④ It was difficult

8 次の日本語の意味を表すように①～⑤の語(句)を並べかえて(　　)に入れたとき、2番目と4番目に来る語(句)を番号で答えなさい。ただし{　　}の中ではじめに来る語も小文字になっています。

1. その本を私に見せてくれませんか。
{ ① could　② me　③ the book　④ you　⑤ show }?
→ (　　)(2番目)(　　)(4番目)(　　)?

2. この絵をどう思いますか。
{ ① of　② do　③ think　④ you　⑤ what } this picture?
→ (　　)(2番目)(　　)(4番目)(　　) this picture?

3. 本を読むことは、私たちにとって大切です。
{ ① important　② us　③ reading　④ for　⑤ is }.
→ (　　)(2番目)(　　)(4番目)(　　).

4. 私のクラスでは、秋は春より人気があります。
Fall { ① is　② spring　③ than　④ popular　⑤ more } in my class.
→ Fall (　　)(2番目)(　　)(4番目)(　　) in my class.

9　次の英文を読んで、あとの質問の答えとして最も適切なものを①～③の中から１つ選び、番号で答えなさい。

1. People use me when they want to go to a far away place. I need *gasoline to move, but some friends of mine don't need it. I can take one to five people. I usually need a driver but some friends of mine don't need a driver. What am I?

*gasoline：ガソリン

①

②

③

2. People watch me, catch me, and throw me. I am sometimes on the ground, sometimes in the air, and sometimes in a hand. Some people throw me fast. Some people hit me hard with a tool. I am about as big as an apple. What am I?

①

②

③

10　次のチラシ(a leaflet)に書いてある情報について、あとの質問の答えとして最も適切なものを①～④の中から１つ選び、番号で答えなさい。

SUMMER ★KIDS ENGLISH Online

【Online A】	【Online B】	【Online C】
For Parent and Child	For Pre-School Child	For Elementary School Child
(Child Age：3-12)	(Child Age：3-6)	(Child Age：6-12)
50-minute lesson	60-minute lesson	90-minute lesson
July 24th	July 30th	August 8th

You can enjoy our special summer English class online and it's free!　Call us at 090-1234-○○○○ for *details.

We also have some special summer programs for adults, 【Online D】.　Please call if you are interested.

*details：詳細

1. Takuya is 6 years old and wants to enjoy learning English with his father. Which course will he take?
① 【Online A】
② 【Online B】
③ 【Online C】
④ 【Online D】

2. Which *sentence is true?　*sentence：文
① A 12-year-old child can take Online B lesson.
② Parents need to pay some money to take a lesson.
③ No adults can take a lesson.
④ A 34-year-old woman can take an online lesson.

11　次の英文を読んで、あとの質問に答えなさい。

Making your own *invention is fun. Also, if a lot of people really like your invention, it can make you very rich!

Richard is a good example. When Richard was 10 years old, he went *snorkeling with his father. Richard was very excited by the different fish underwater. He wanted to shout out to his dad *each time he saw something new. So, he later started to study about underwater sound on the Internet. He tried many times to make a way to talk underwater. At last he *invented (1) the 'Water Talkie.'

The Water Talkie has a special *mouthpiece. The other *end looks like a *flat speaker. It has two *holes on the sides, so air can come out. You can hear someone underwater through the Water Talkie up to 4.5 meters away.

When his invention [　　　], he took it to *Toys "R" Us. He showed them that it could work very well. They really liked it.

Toys "R" Us *ordered 50,000 Water Talkies and put them in their stores. (2)They were very popular. Richard's fun invention made him very rich.

<語注>

*invention　発明品　*snorkel　シュノーケルで潜《もぐ》る　*each time～　～する度に
*invent　発明する　*mouthpiece　口にくわえる部分　*end　端　*flat 平らな
*hole　穴　* Toys "R" Us　トイザらス(おもちゃ店)　*order　注文する

問1　下線部(1)the 'Water Talkie' を表すものを①～④の中から1つ選び、番号で答えなさい。

①
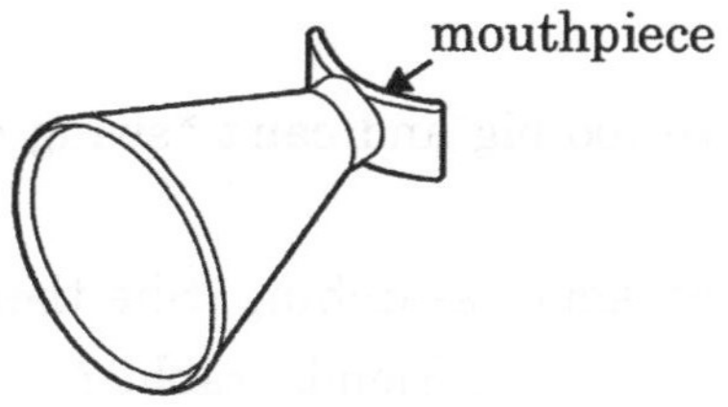

②
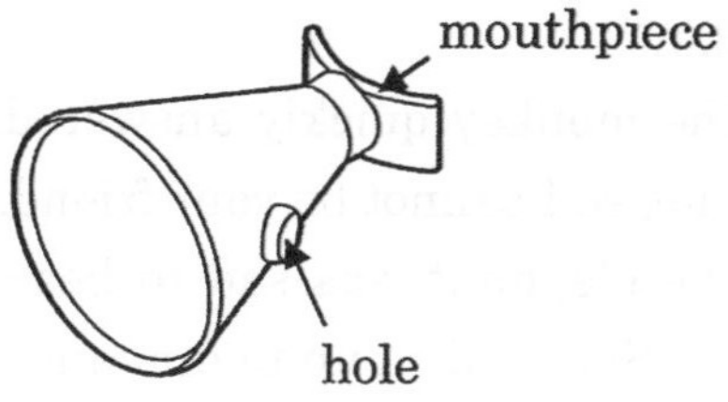

③
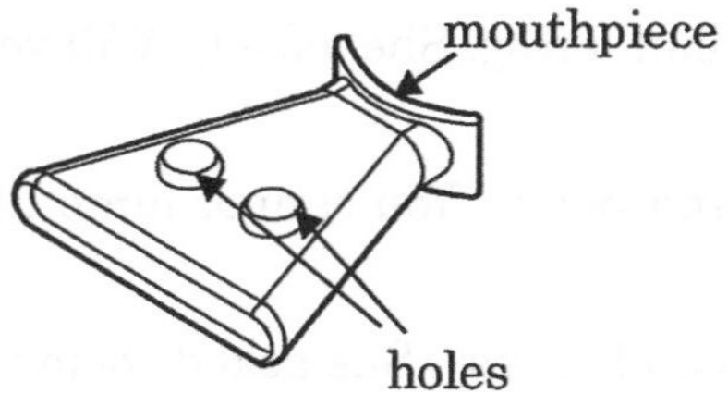

④
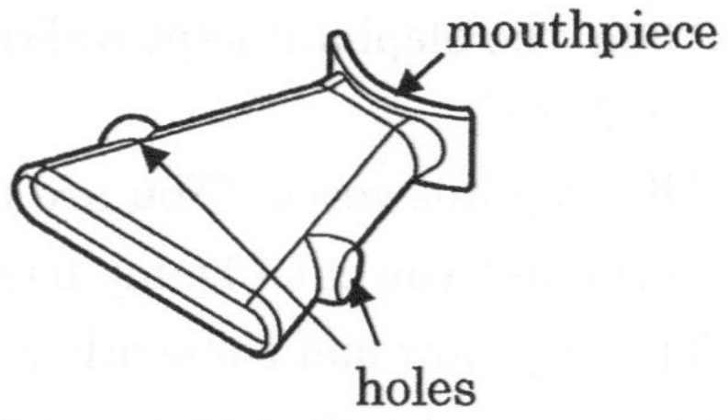

問2　本文の[　　　]に入る最も適切なものを①～④の中から1つ選び、番号で答えなさい。

① became old
② became popular
③ was broken
④ was ready

問3　下線部(2)They が表すものを①～④の中から1つ選び、番号で答えなさい。

① a lot of people
② Water Talkies
③ *clerks of Toys "R" Us　*clerk　店員
④ stores of Toys "R" Us

問4　本文の内容に一致するものを①～④の中から1つ選び、番号で答えなさい。

① Richard's father wanted a way to talk underwater, and he invented it easily.
② Richard tried talking to the fish underwater when he was snorkeling.
③ Richard became rich because many people bought his fun invention.
④ There were many fun toys in Toys "R" Us, so Richard often went there.

12　次の英文を読んで、あとの質問に答えなさい。

One day an elephant was walking in the forest. She was looking for friends. She soon saw a monkey. She walked up to him and asked, "Can we be friends, monkey?"

The monkey quickly answered, "You are too big and can't *swing on trees like me, so I cannot be your friend."

The elephant was sad to hear that. She kept *searching. She then saw a rabbit. She walked up to him and asked, "Can we be friends, rabbit?"

The rabbit looked at the elephant and said, "You are too big for my house. You cannot be my friend."

Then, the elephant kept walking and met a frog. She asked, "Will you be my friend, frog?"

The frog answered, "You are too big and heavy. You cannot jump like me. I am sorry, but you can't be my friend."

The elephant met some other animals on her way. She asked them the same question, but she always received the same answer.

The next day, the elephant saw all the forest animals. They were running away from something in *fear. She stopped a bear and asked him, "What happened?" The bear told her that a tiger was attacking all the small animals.

The elephant wanted to save the other animals, so she went to the tiger and said, "Please do not eat my friends."

The tiger didn't listen to her. He just said, "*Mind your own business."

So, the elephant kicked the tiger hard. The tiger was *scared and ran away. After hearing about the *brave story, the other animals all said to the elephant, "You are just □ to be our friend."

＜語注＞
*swing on trees　木にぶらさがる　*search　探す　*fear　恐怖、恐れ
*Mind your own business.　お前には関係ない。　*scared　恐れて
*brave　勇敢な

問1　本文の内容に合うように、与えられた英文に続けるのに最も適切なものを①～④の中から1つ選び、番号で答えなさい。

1. The elephant wanted to ＿＿＿＿＿＿＿＿＿＿＿＿＿＿＿＿.
　① find food in the forest
　② lose her friends
　③ make new friends
　④ play with her old friends

2. At first the forest animals didn't want to be friends with the elephant because ＿＿＿＿＿＿＿＿＿＿＿＿.
　① she couldn't jump well
　② she was too big
　③ they were running away from the tiger
　④ they wanted to attack her

問2　本文中の□に入る適当なものを①～④の中から1つ選び、番号で答えなさい。
　① the animal
　② the right size
　③ too big
　④ too small

問3　本文の内容に一致するものを①～④の中から1つ選び、番号で答えなさい。
　① The elephant went into the rabbit's house.
　② The elephant saved the forest animals from the tiger.
　③ The elephant was kicked hard by the tiger.
　④ The elephant finally made new friends with the tiger.

2022年度　　総合問題　　福岡女学院中学校

(45分)

1　次の問１～４に答えなさい。

問１　次の文を読み、(1)～(5)の問いに答えなさい。

> 星をいくつかのまとまりに分けて、いろいろなものに見立てて名前を付けたものが（　A　）である。夏の東の夜空には、こと座の（　①　）、わし座の（　②　）、はくちょう座の（　③　）の３つの星を結んだ夏の（　B　）が見られる。（　C　）の空にはさそり座が見られる。こと座の（①）は「おり姫《ひめ》星」、わし座の（②）は「ひこ星」とも呼ばれる。
>
> 星の明るさにはちがいがある。星は明るいものから順に（　④　）に分けられている。夏の（B）の３つの星はすべて（　⑤　）である。（　⑥　）は目で見ることができる最も暗い星で、(⑤)は(⑥)の100個分の明るさがある。
>
> 星の色にもちがいがあって、それは星の表面温度による。赤い星は表面温度が低く、赤、黄色、白、青白の順に表面温度が高くなる。
>
> さそり座のアンタレスは（　⑦　）い星であり、表面の温度が約3500℃、こと座の(①)は（　⑧　）い星で表面温度が約9500℃といわれている。わし座の(②)やはくちょう座の(③)も(⑧)い星である。

(1)　（　A　）、（　B　）に当てはまる語を答えなさい。

(2)　（　C　）に当てはまる方角をア～エから選び記号で答えなさい。

　ア．東　　イ．西　　ウ．南　　エ．北

(3)　（　①　）～（　③　）に当てはまる語の組み合わせとして正しいものをア～カから選び記号で答えなさい。

	①	②	③
ア	アルタイル	デネブ	ベガ
イ	アルタイル	ベガ	デネブ
ウ	デネブ	ベガ	アルタイル
エ	デネブ	アルタイル	ベガ
オ	ベガ	アルタイル	デネブ
カ	ベガ	デネブ	アルタイル

(4)　（　④　）～（　⑥　）に当てはまる語の組み合わせとして正しいものをア～エから選び記号で答えなさい。

	④	⑤	⑥
ア	１級星、２級星、３級星・・・	１級星	６級星
イ	１級星、２級星、３級星・・・	６級星	１級星
ウ	１等星、２等星、３等星・・・	１等星	６等星
エ	１等星、２等星、３等星・・・	６等星	１等星

(5)（　⑦　）、（　⑧　）に当てはまる語の組み合わせとして正しいものをア～エから選び記号で答えなさい。

	⑦	⑧
ア	青白	黄色
イ	赤	白
ウ	青白	赤
エ	白	黄色

問２　(1)～(3)の問いに答えなさい。

(1) 人などの動物はいつも空気を吸ったりはいたりしています。人が吸う空気とはいた空気の中にふくまれる、酸素、二酸化炭素、ちっ素の割合は表の通りです。

（　①　）、（　②　）に当てはまる数字をア～キから選び記号で答えなさい。

	酸素	二酸化炭素	ちっ素など
吸う空気	およそ21%	およそ0.03%	およそ79%
はいた空気	およそ（　①　）%	およそ4%	およそ（　②　）%

　ア．0　　イ．4　　ウ．17　　エ．21　　オ．75　　カ．79　　キ．96

(2) 次の文①～④は植物の何に関する実験か、下のア～ウから選び記号で答えなさい。

> ①土に生えている葉のついたホウセンカにポリエチレンの袋《ふくろ》をかぶせて封《ふう》をしてしばらく置いたら、袋の内側にたくさん水滴《てき》がついた。
>
> ②ジャガイモの葉の一部にアルミニウム箔《はく》をかぶせ、よく晴れた日の昼にしばらくおいた。この葉をヨウ素液につけたところ、アルミ箔をかぶせなかった部分は葉の色が青むらさき色に変化した。
>
> ③ホウセンカの葉の裏側の表面のうすい皮をはがし顕微鏡《けんびきょう》で観察した。
>
> ④土に生えている葉のついたホウセンカにポリエチレンの袋をかぶせて封をし、袋に小穴を開けストローで息を吹《ふ》き込《こ》む。このすぐ後と１時間後に、酸素と二酸化炭素の量を気体検知管で調べたところ、酸素が増え、二酸化炭素は減っていた。

　ア．蒸散　　イ．細胞《ぼう》　　ウ．光合成

(3) 次のA～Eのうち、メダカの卵が受精する順番について正しく並べたものを下のア～エから選び記号で答えなさい。

> A. おすとめすが体をすり合わせて、おすが精子をかける。
> B. 水草に付いたたまごに、おすが精子をかける。
> C. おすがめすの周りを泳ぐ。
> D. めすがおすの周りを泳ぐ。
> E. めすは、産んだ卵を水草に付ける。

　ア．C→A→E　　イ．D→A→E　　ウ．C→E→B　　エ．D→E→B

問3　(1)～(4)の問いに答えなさい。

(1) 下図のア～ウは実験用てこと呼ばれ、実際のてこの仕組みを説明するのに用いられます。実験用てこを指で押《お》さえて力を発生させる方法はア～ウの３通りに分けられます。指は力点、矢印は作用点を表します。ピンセット（右図）は、てこの仕組みを利用していますが、それはア～ウのどの方法に当たりますか。ア～ウから選び記号で答えなさい。

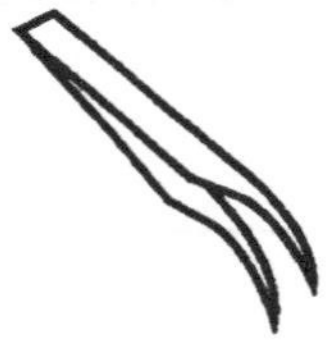

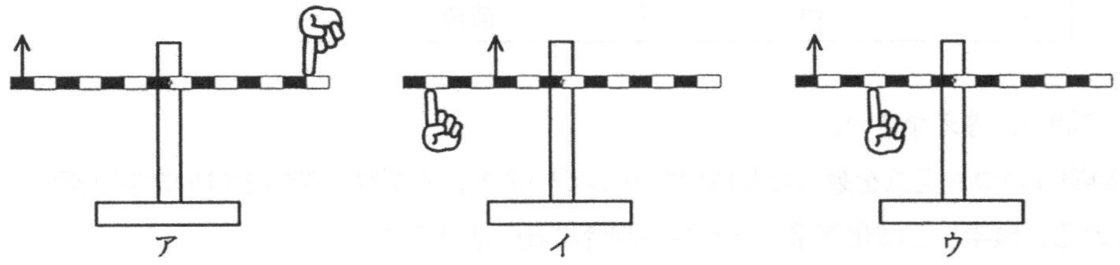

(2) 電池、豆電球、電流計をまず図１のようにつなぎ、次に図２のようにつなぎました。

A. このとき、豆電球の明るさはどうなりますか。ア～ウから選び記号で答えなさい。

ア．図１の方が明るい　　イ．図２の方が明るい　　ウ．どちらも同じ

B. また、電流計の示す値はどうなりますか。エ～カから選び記号で答えなさい。

エ．図１の方が大きい　　オ．図２の方が大きい　　カ．どちらも同じ

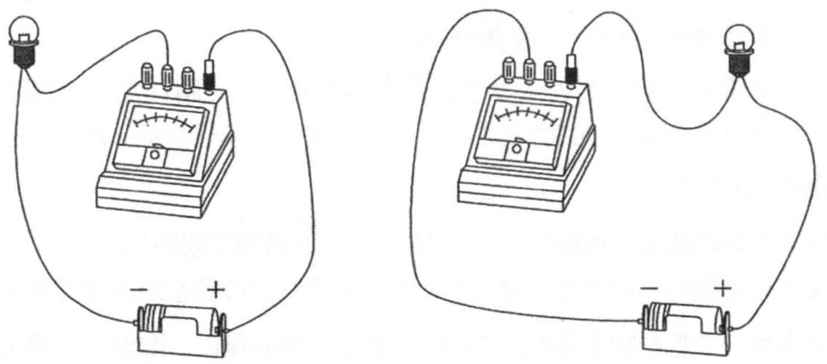

図1　　図2

(3) 光電池について正しいものをア～エから１つ選び記号で答えなさい。

ア．乾《かん》電池には＋極と－極とがあるが、光電池にはない。

イ．すべての光電池は太陽の光で発電するものであって、白熱灯の光で発電することはない。

ウ．ある光電池を用いて豆電球をつけようとしたがつかなかった。しかしモーターでプロペラを回したり、電子オルゴールを鳴らしたりすることはできた。

エ．光電池を太陽の方にかたむけるとよく発電するようになる。そのかたむきのまま、光電池を太陽の方に近づけるとさらによく発電するようになる。

(4) 図１のように長さのちがう10個のふりこ①～⑩をつらねました。ふりこの長さを調節して60秒間に往復する回数を表のようにしました。これらのふりこを整列させ、図２のように長い板を用いて同じだけかたむけ、板を取り除いたところ、ふりこ①～⑩はいっせいに振《ふ》れ始めました。ふりこ①～⑩は時間が経つにつれてたがいに少しずつずれ、60秒後に再び整列しました。(i)～(iii)の問いに答えなさい。

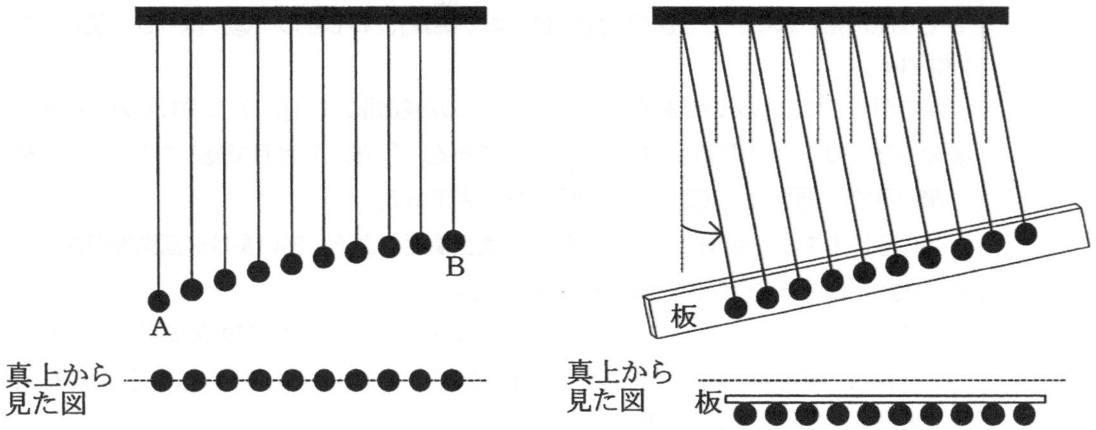

図1　　図2

ふりこ	60秒間に往復する回数
①	46回
②	47回
・・・	・・・(途《と》中略)
⑨	54回
⑩	55回

(i) ふりこ①は図１のA、Bのどちらですか。

(ii) ふりこ⑤が１往復する時間を求めなさい。

(iii) 振《ふ》れ始めてから30秒後に10個のおもりはどのように並びますか。その様子を真上から見たときの並び方として正しいものをア～エから選び記号で答えなさい。アは図１と同じ位置を表しています。

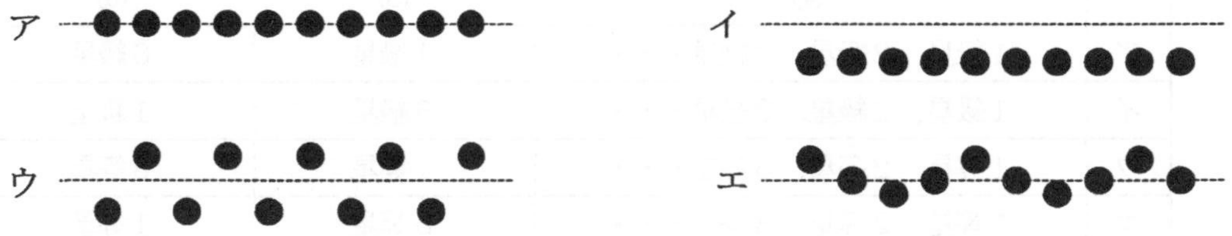

問4　次の会話文はある生徒がテレビのクイズ番組を見て疑問に思ったことをくわしく知りたいと思い、翌日学校の先生に質問したときのものです。(1)～(4)の問いに答えなさい。

生徒「先生、昨日のクイズ番組で『重そうで掃除《そうじ》してはいけない場所は次のうちどこですか？』という問題があったんです。ちょっとそれについて質問していいですか？」

先生「ええ、いいですよ。」

生徒「その問題の選択肢《し》が(a)台所のシンク、(b)換気扇《かんきせん》、(c)窓、(d)ガスコンロ、(e)電子レンジで、答は(c)でした。その説明が『窓のアルミサッシが腐食《ふしょく》してしまうから』だったんですが、アルミサッシが腐食するというのはどういう意味ですか？」

先生「腐食の腐という字はくさるとも読むので、くさってちがう物質に変わってしまうことをいいます。①アルミニウムや鉄のような金属の腐食というのは、さびてボロボロになることをいいます。」

生徒「わかりました。字から金属がくさるってどういうことかなと思っていました。でも不思議なんです。換気扇や電子レンジは、プラスチックだから重そうで掃除してもくさらないしさびないのはわかるのですが、ガスコンロや、台所のシンクは金属の鉄なので、重そうで掃除すると、アルミサッシと同じようにさびてしまうのではないかと思うのですが。」

先生「いい質問ですね。では、同じ金属でもアルミニウムと鉄でちがうところがなかったか覚えていませんか？」

生徒「うーん。アルミニウムも鉄もどちらも塩酸のような酸性の水溶《よう》液にとけるのは覚えています。実験に使う器具には金属製でなくてガラス製のものが多いのはその性質のせいですよね。アルミニウムと鉄でちがうところは･･･」

先生「たしかに塩酸のような酸性の水溶液に、アルミニウムも鉄もとけます。では②アルカリ性の水溶液にはどうだったか思い出すとちがいがわかりますよ。」

生徒「(　　A　　)ということでいいですか。」

先生「そうです。水溶液が酸性かアルカリ性かによって、とかすことのできる金属がちがっていましたね。ところで最初の質問にもどりますが、重そうという白い粉末は炭酸水素ナトリウムといって水に溶けるとアルカリ性を示します。だから(　B　)は重そうによって腐食するが、(　C　)は腐食しない、ということになります。

　ただ、アルミサッシも台所のシンクやガスコンロも、アルミニウムや鉄と別の物質で表面をおおったり、別の物質を混ぜて、さびにくい工夫がされているので、簡単にはさびたりとけたりしません。でも、重そうで掃除するときには残っていないようにきちんとふきとったり、使わない方がよいという意味でクイズがつくられているのしょうね。」

生徒「よくわかりました。ありがとうございました。」

(1) 下線部①について、次の中で金属であるものをア～カからすべて選び記号で答えなさい。

ア．銀　　イ．石灰　　ウ．食塩

エ．砂糖　　オ．銅《どう》　　カ．ダイヤモンド

(2) 下線部②について、アルカリ性の水溶《よう》液でないものをア～エから１つ選び記号で答えなさい。

ア．アンモニア水　　イ．酢《す》　　ウ．水酸化ナトリウム水溶液　　エ．石灰水

(3) (　A　)に当てはまる生徒の言葉を40字以内で書きなさい。ただし、アルミニウム、鉄という語を必ず入れること。

(4) (　B　)、(　C　)に当てはまる語の組み合わせとして正しいものをア～エから選び記号で答えなさい。

	B	C
ア	台所のシンク と ガスコンロ	窓のアルミサッシ
イ	窓のアルミサッシ	台所のシンク と ガスコンロ
ウ	窓のアルミサッシ と 台所のシンク	ガスコンロ
エ	ガスコンロ	窓のアルミサッシ と 台所のシンク

2　次の文章は、博多の歴史について説明したものです。これを読んで、あとの問いに答えなさい。

博多湾を出て（　1　）にむかって玄界灘《なだ》をわたると、朝鮮半島へは近いので、博多は古くから、①朝鮮半島や中国との行き来がさかんでした。

鎌倉時代から②室町時代にかけて、博多の商人たちは、中国や朝鮮さらに現在の（　2　）県にあたる③琉球《りゅうきゅう》王国を経由して東南アジアなどと貿易をし、ばく大な富をえていました。博多には、禅《ぜん》宗やAうどんなどが中国からもたらされ、日本の各地に広まっていきました。また、④寺もたくさんつくられました。

博多は、現在の（　3　）府の堺とならんで、有力な商人たちが町の運営をする自治都市として繁栄していました。しかし、戦国大名どうしの戦いで、博多の町は焼きはらわれてしまいました。豊臣秀吉は、博多商人の願いを聞き、町の復こうを（　4　）に命じました。このとき、町の復活と活性化のため、⑤市《いち》の税や座の特権を廃止して、だれもが自由に営業できるようにしました。こうして再び、商業の町としての博多が復活したのです。

博多をふくむ⑥福岡市は、B昭和時代の後半以降、九州の経済の中心として大いに発展し、今日にいたっています。

問1　空らん（　1　）にあてはまる語句（方角）を次の語群から選び答えなさい。

［語群］　東　西　南　北

問2　空らん（　2　）・（　3　）にあてはまる府県名を答えなさい。

問3　空らん（　4　）にあてはまる人物名を、次のア～エから選び記号で答えなさい。

ア．加藤清正　イ．黒田官兵衛　ウ．渋沢栄一　エ．織田信長

問4　下線部①について、朝鮮半島や中国との行き来に関する次の問いに答えなさい。

（1）聖徳太子は中国に遣隋《ずい》使を送りましたが、奈良時代や平安時代に中国へ送られた使いは何とよばれましたか。

（2）次の文は（1）の使いの通ったルートについて説明したものです。文中の［あ］と［い］にあてはまる語句を、あとの語群から選び答えなさい。

博多から中国をめざす場合、朝鮮半島の海岸ぞいに進む方法と、［あ］海をわたって行く方法がありました。［あ］海をわたる場合には、［い］列島の福江島で水や食料を補給し、よい風を待って出航しました。

［語群］　東シナ　南シナ　五島　千島

問5　下線部②について、次のア～エのうちから室町時代の文化に最も関係の深いものを1つ選び記号で答えなさい。

ア．源氏物語　イ．金閣　ウ．浮世絵　エ．正倉院

問6　下線部③について、次のア～エのうちから琉球王国に最も関係の深いものを1つ選び記号で答えなさい。

ア．アイヌ　イ．フビライ　ウ．首里城　エ．ハングル

問7　下線部④について、寺をあらわす地図記号を解答らんに書きなさい。

問8　下線部⑤のような政策を何といいますか、答えなさい。

問9　下線部⑥について、福岡市は福岡県の県庁所在地です。福岡県以外の都道府県のなかで、「福」で始まる県の名前を1つ答えなさい。

問10　下線部Aについて、次の表は、各地の特色あるうどんの名前と食べるとき、その県の農産物の登ろく商品（地理的表示保障制度）を示したものです。表のA～Gは、あとの地図のA～Gに一致《ち》しています。これらを見て、以下の問いに答えなさい。

［各地のうどん］

	県名	名前	食べるとき	農産物の登ろく商品
A	栃木	みみうどん	正月	新里ネギ
B	三重	伊勢うどん	日常食・参拝客	特産松阪牛・伊吹《いぶき》ソバ
C	岩手	ひもか	お盆（7月13～16日）	前沢牛
D	<1>	鯛めん	結婚式	くにさき七島藺《い》表
E	愛知	みそ煮込みうどん	ごちそう・外食	八丁みそ
F	<2>	うどんのあんかけ	行事食・もてなし料理	米沢牛・東根さくらんぼ
G	香川	しっぽくうどん	年中行事・冠婚葬祭《かんこんそうさい》	善通寺産四角スイカ

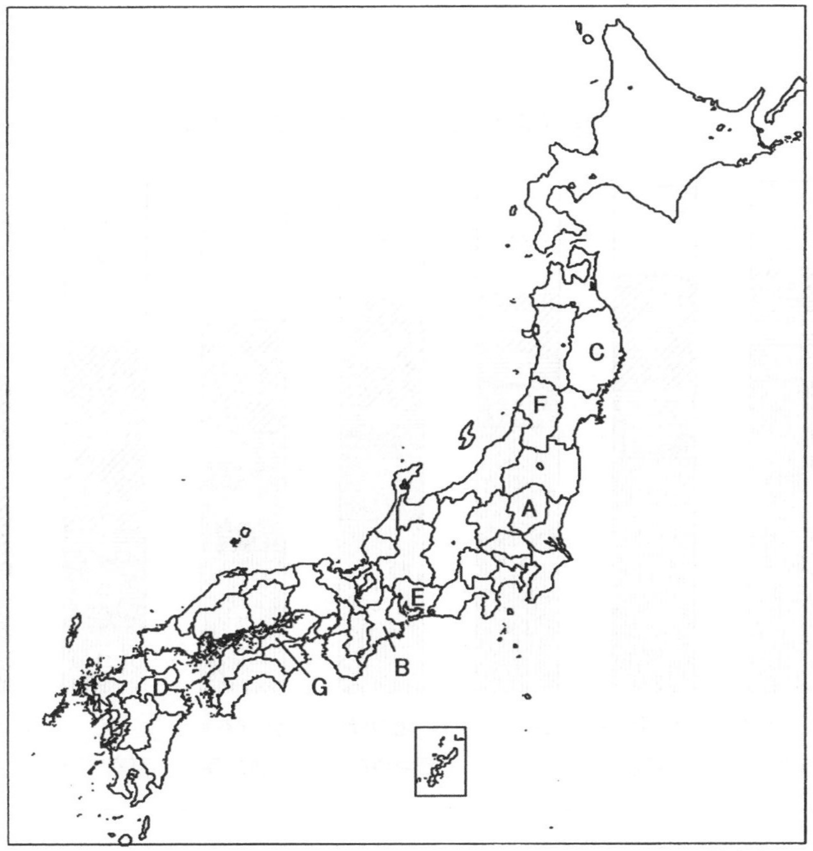

（1）愛知、岩手、香川、栃木の各県庁所在地の名前を、次の語群から選び答えなさい。

［語群］　宇都宮　高松　津　名古屋　盛岡

（2）表中の<1>と<2>の県名を次の語群から選び答えなさい。

［語群］　大分　岡山　宮城　山形

（3）うどんの原料である小麦と、ご飯の原料である米は、収かくしてから食べるまでの手順が違っています。次の文〔A〕はそれをくらべて説明したものです。また、〔B〕は、〔A〕を読んだある生徒が考えたことをまとめたものです。文中の空欄［1］・［2］にあてはまる語句の組み合わせとして正しいものを、ア～エから選び記号で答えなさい。

〔A〕米はかたい「もみ」と「ぬか」をとって主に水と熱を加えて食べます。小麦は、かたい部分を取り、「うす」などですりつぶし、食べられるところを選りわけ、さらに、ひいて粉にし、粉に水や他のものを入れて加工し、熱を加え、調理して食べます。

〔B〕わたしは、自分で栽培し、毎日の生活で食べるとしたら、［1］のほうが手間はかからないと思います。また**[各地のうどん]**の表を見ると、うどんは、もともと［2］に食べるものだったのだろうと考えました。

ア　1－米　2－ふつうのとき

イ　1－米　2－特別なとき

ウ　1－小麦　2－ふつうのとき

エ　1－小麦　2－特別なとき

（4）「持続可能な開発目標」のひとつに「飢餓《きが》をゼロに」があります。地球上の飢餓をゼロにするためには、米と小麦のどちらをより多く生産した方が良い、とあなたは考えますか。「米」と「小麦」のどちらかを選び、そう考えた理由を簡単に答えなさい。

問11　下線部**B**について、次の資料をみて問いに答えなさい。

〔1974・1994・2014年の一世帯あたりの一ヶ月平均の消費支出の総額と項目別の割合〕

年	項目／支出額	1	X	2	保健医療費	交通通信費	Y	その他
1974年	総額 142,203円	30.8%	9.3%	14.9%	2.4%	6.2%	11.0%	25.4%
1994年	総額 353,116円	23.1%	11.8%	10.0%	2.7%	10.6%	15.2%	25.4%
2014年	総額 280,808円	22.7%	15.2%	7.5%	3.5%	16.4%	14.7%	20.0%

（1）この表の**1**と**2**の項目は、次のア～エのうちのどれを示していますか。それぞれの説明文を手がかりにして、記号で答えなさい。

ア　家具・家事用品・被服・はきもの費　　イ　食料費

ウ　住居・光熱・水道費　　エ　教育・教養ご楽費

説明文

1：全体に占める割合がすべての年で最も高くなっています。しかし、1974年から2014年にかけてその割合が減ってきています。減った原因としては、各家庭で材料からつくるよりもできた製品を買うことが手軽になったこと、原料も製品も国際的になり、安いものが輸入されることにより購入金額の合計が減ったことなどが考えられます。

2：1974年から2014年にかけ、全体での割合が約半分に減りました。その原因として、1974年には国産品中心に売っていたのが、2014年には格安の輸入品が中心に変わったこと、節約により買いびかえられるようになったことなどが原因と考えられます。

（2）1974年から2014年にかけて、交通通信費の割合は2.5倍以上に増えています。その理由として**あてはまらない**ものを、次のア～エから一つ選び記号で答えなさい。

ア　自動車の利用が広がったこと　　イ　鉄道の利用が広がったこと

ウ　飛行機の利用が広がったこと　　エ　携帯電話などの利用が広がったこと

3 次の会話は小学校の総合学習の時間にゴミ問題の学習をしているクラスの中で話された会話です。それぞれの会話を読んで以下の問いに答えなさい。

先生　「ゴミと言うとどういうものを思い浮かべますか？」
生徒A「飲み終わったペットボトルや使った後のティッシュペーパーとかかな？」
生徒B「この前うちで壊れた洗濯機を捨てたので、洗濯機もゴミになったよ。」
生徒C「うちのお母さんは、食べ物を買いすぎるとゴミになるからといっていたから、食べられなくなったものなどもゴミになるんじゃないのかな？」
先生　「たくさん意見を言ってくれましたね。一言にゴミと言ってもいろんなものがありますね。今日は、使い終わっていらなくなったゴミについて勉強していきます。まずは、Cさんが言ってくれた、ゴミになってしまう食べ物のことを学習しましょう。その前に、皆さんは『持続可能な開発目標』って聞いたことがありますか。」
生徒A「聞いたことありません。」
先生　「英語の略語では『（ ① ）』と言いますが。」
生徒A「それなら知ってます。」
先生　「その目標のなかに『飢餓をゼロに：すべての人に食べ物がゆきわたること』があります。」
生徒B「ということは、世界には食べるものがない人がいるんですか。」
先生　「そうです。世界には、②食べ物がなく、『飢餓』で苦しんでいる人がたくさんいます。」
生徒C「でも、日本では、食べ物が余ってるんですよね。」
先生　「そうです。③つくりすぎたり食べ残した物がゴミとなってたくさん捨てられていて、『食品ロス』と言います。このグラフをみてください。食品ロスは、生産して売る『生産者』や、買って使う『消費者』などさまざまな立場で発生しますが、地球上の地域によっては、その割合が違うことがこのグラフでわかります。」
生徒A「北アメリカや日本、ヨーロッパでは（ ④ ）者側の割合が高いです。」
生徒B「南・東南アジアやサブサハラでは（ ⑤ ）者側の割合が高いです。」

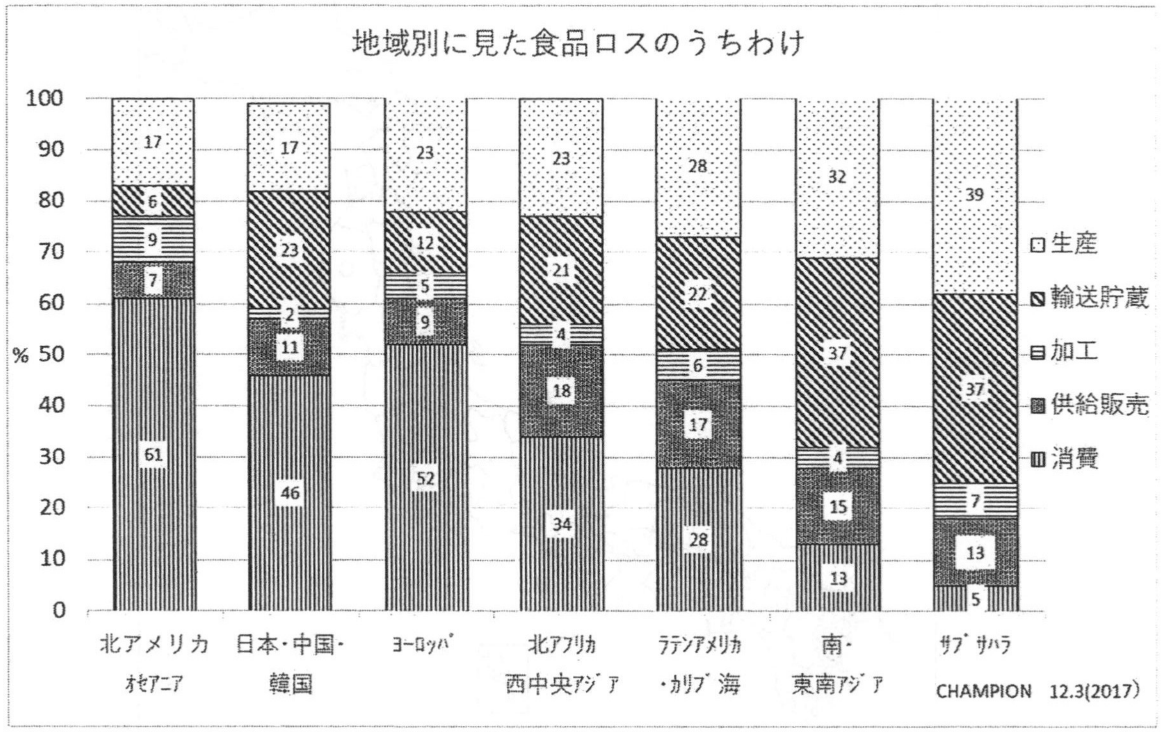

問1　空らん（ ① ）にはいる語句を、アルファベット4字で答えなさい。

問2　下線部②について、人などの動物は、食事をしないと生きていけないのに対して、植物は食事をしなくても生きていける理由を次のア～エから１つ選び記号で答えなさい。
ア．動物は動くのに対して、植物は動かないから。
イ．動物は体温調節をするのに対して、植物は体温調節をしないから。
ウ．動物は光合成をしないのに対して、植物は光合成をするから。
エ．動物は呼吸をするのに対して、植物は呼吸をしないから。

問3　下線部③について、日本では「食品ロス」が深刻です。あなたの身の回りにはどのような「食品ロス」がありますか。具体的に説明しなさい。

問4　空らん（ ④ ）・（ ⑤ ）にあてはまる語句を、次のア、イから選び記号で答えなさい。
ア．生産
イ．消費

先生　「次にＡさんが言ってくれたペットボトルについて勉強しましょう。ペットボトルは何という素材でできていますか？」
生徒Ａ「プラスチックです。」
先生　「そうですね。いらなくなったプラスチックはどのようになるか知っていますか？」
生徒Ｂ「うちは空いたペットボトルはスーパーにあるリサイクルボックスに入れています。だから、いらなくなったプラスチックは⑥リサイクルされて再利用されていると思います。」

問５　下線部⑥に関して、ごみ問題の対策として、4R 運動が推進されています。4R とはリフューズ（断る・使わない）、リデュース（減らす）、リユース（繰り返し使う）、リサイクル（資源として再利用する）のことです。このうちの1つ、リサイクルの例として適切なものを次のア～オから１つ選び記号で答えなさい。

ア．コンビニでお弁当を買ったとき、レジ袋やおはし、スプーンをもらわない。
イ．シャンプーは詰め替え用のものを利用する。
ウ．ペットボトルの飲料は買わずに、水筒を利用する。
エ．いらなくなったおもちゃや洋服を人にゆずる。
オ．回収されたペットボトルが、衣料品や化粧品の容器などの原料となる。

先生　「では表1を見てください。表1は、日本から外国へ輸出されているプラスチックのゴミの重さを表したものです。では皆さんに質問です。2016 年の日本の廃プラスチックのうち、何%が中国に輸出されていますか。」

生徒Ａ「計算してみます。えっと（　⑦　）%です。」

先生　「Ａさん、すばらしい。正解です。では、もう１つ質問です。表の中にある国はどの地域の国が多いですか。」

生徒Ｂ「⑧アジアの国が多いと思います。」

先生　「その通りですね。日本の近くにあるアジアの国や地域がほとんどですね。」

生徒Ｃ「それにしてもこの表をよく見ると 2017 年から 2018 年にかけて数字が大きく変化した国が多いですね。」

先生　「良い所に気づきましたね。これには理由があります。よく聞いてくださいね。

2017 年末に、中国はプラスチックゴミの輸入規制を行いました。その影響で、2018 年には中国以外の国への輸出量が増加してしまったんです。その結果、2018 年の輸出量が最も多い国はマレーシアとなり、その輸出量は 2017 年の約 3 倍にもなりました。2018 年の輸出量でマレーシアの次に多いのはタイ、その次は台湾になりました。輸入制限をした中国は、2018 年には香港よりも少なくなり、2019 年には 2017 年の約 2.5%にまで減少したということなんです。」

生徒Ｃ「そういうことだったんですね。」

表1. 日本の廃プラスチック輸出量の推移

国・地域	2016年	2017年	2018年	2019年
中国	80.3	74.9	⑨	⑩
香港	49.3	27.5	5.4	5.7
台湾	6.9	9.1	⑪	15.2
ベトナム	6.6	12.6	12.3	11.7
マレーシア	3.3	7.5	22	26.2
韓国	2.9	3.3	10.1	8.9
タイ	2.5	5.8	⑫	10.2
インド	0.4	0.8	2.1	2.8
アメリカ	0.2	0.4	0.9	1.6
インドネシア	0	0.3	2	1.7
輸出総量	152.7	143.1	100.8	89.8

（単位は万トン）

（独立行政法人日本貿易振興機構 HP より）

問６（　⑦　）にあてはまる数字を次のア～ウから１つ選び記号で答えなさい。

ア．53%　　イ．48%　　ウ．81%

問７　下線部⑧に関して、表1中の国・地域の中でアジアに位置していない国をすべて選び答えなさい。

問８　先生の波線部の発言を参考にし、表1の⑨～⑫にあてはまる数字の組み合わせとして正しいものをア～オの中から選び記号で答えなさい。

ア．⑨4.6　⑩1.9　⑪17.7　⑫18.8
イ．⑨4.6　⑩1.9　⑪18.8　⑫17.7
ウ．⑨5.6　⑩1.9　⑪18.8　⑫17.7
エ．⑨5.6　⑩1.9　⑪17.7　⑫18.8
オ．⑨1.8　⑩0.5　⑪17.7　⑫18.8

先生　「プラスチックは、リサイクルにお金がかかるから日本でリサイクルするのは難しいのです。」

生徒Ｃ「なんだかゴミを外国に押し付けているみたいですね。」

先生　「その通りですね。ゴミ問題は日本だけの問題ではないことがわかりますね。それだけでなく、プラスチックは分解されにくいので、海に流れ出ると海流にのって世界中に散らばってしまうという問題もあるんですよ。」

生徒Ａ「海の生物がそのプラスチックを食べてしまったというニュースをこの前見ました。」

先生　「よく知っていますね。海の生物がプラスチックゴミを誤って飲み込んでしまい、のどをつまらせたり、胃の中にプラスチックゴミがたまってしまったりという問題をよく聞くようになりましたね。このようなプラスチックゴミは、海に暮らす（　Ⅰ　）の（　Ⅱ　）動物にたまっていきやすいと言われています。」

生徒Ｂ「ということは、（　Ⅲ　）よりも（　Ⅳ　）のほうがプラスチックゴミがたまっていきやすいということですね。」

先生　「そういうことになりますね。また、⑬プラスチックを食べてしまうという問題以外にも、プラスチックゴミは海の生き物に悪い影響をたくさん与えています。」

生徒Ａ「なんだか問題がたくさんありすぎますね。」

先生　「そうですね。⑭海はつながっているから様々な国の人々が協力しないと解決されない問題です。最近では、マクドナルドやスターバックスコーヒーなど世界的な企業で、⑮プラスチック製のストローを廃止し、紙製のストローを使用することが考えられています。」

生徒Ａ「それ聞いたことあります。⑯これからプラスチックは使わなくなっていくのかなぁ。」

問9 （ Ⅰ ）～（ Ⅳ ）にあてはまる語句の組み合わせとして最も適当なものを下のア～クから１つ選び記号で答えなさい。

	（ Ⅰ ）	（ Ⅱ ）	（ Ⅲ ）	（ Ⅳ ）
ア	大型	肉食	マグロ	アジ
イ	大型	草食	マグロ	アジ
ウ	大型	肉食	アジ	マグロ
エ	大型	草食	アジ	マグロ
オ	小型	肉食	マグロ	アジ
カ	小型	草食	マグロ	アジ
キ	小型	肉食	アジ	マグロ
ク	小型	草食	アジ	マグロ

問 10　下線部⑬に関して、プラスチックゴミの海の生物への影響として、プラスチックを食べてしまう以外にどのような悪い影響がありますか。具体的に答えなさい。

問 11　日本では過去にプラスチックではなく、工場の排水に含まれていた有機水銀が海に流れ出て、問題になったことがあります。この有機水銀が原因で起こった公害病の名前を答えなさい。

問 12　下線部⑭に関して、海を流れ海岸に着いたゴミを漂着ゴミといいます。その中には中国から日本に流れ着いたと思われるものもあります。中国から日本にゴミが流れつくのに関係が深い海流は次のア～エのうちどれですか。

ア．日本海流
イ．対馬海流
ウ．千島海流
エ．リマン海流

問 13　下線部⑮に関して、プラスチック製のストローと紙製のストローのお互いの良い所を1つずつ答えなさい。

問 14　下線部⑯に関して、あなたの日常生活において、プラスチック製品が使用禁止になった場合、最も不便になると思うことは何ですか。あなたの考えを答えなさい。

問 15　問 14 で書いた最も不便になると思うことを乗り越え、地球環境を維持していくためにあなたが必要だと思うことを答えなさい。

解答用紙

二〇二二年度　国語　福岡女学院中学校

受験番号

氏名

※100点満点
（配点非公表）

【一】

問一　1　2　3

問二

問三

問四　Ⅰ　Ⅱ

問五

問六

問七

問八

問九

【二】

問一　a　b

問二　A　B　C

問三　道具の性能を上げることで　　。

問四　(1)　火　　こと。
言葉
(2)

問五

問六　(1)　(2)　(3)

【三】

問一　①　②　③　す　④　⑤　えて　⑥

問二　①　②

問三　①　②

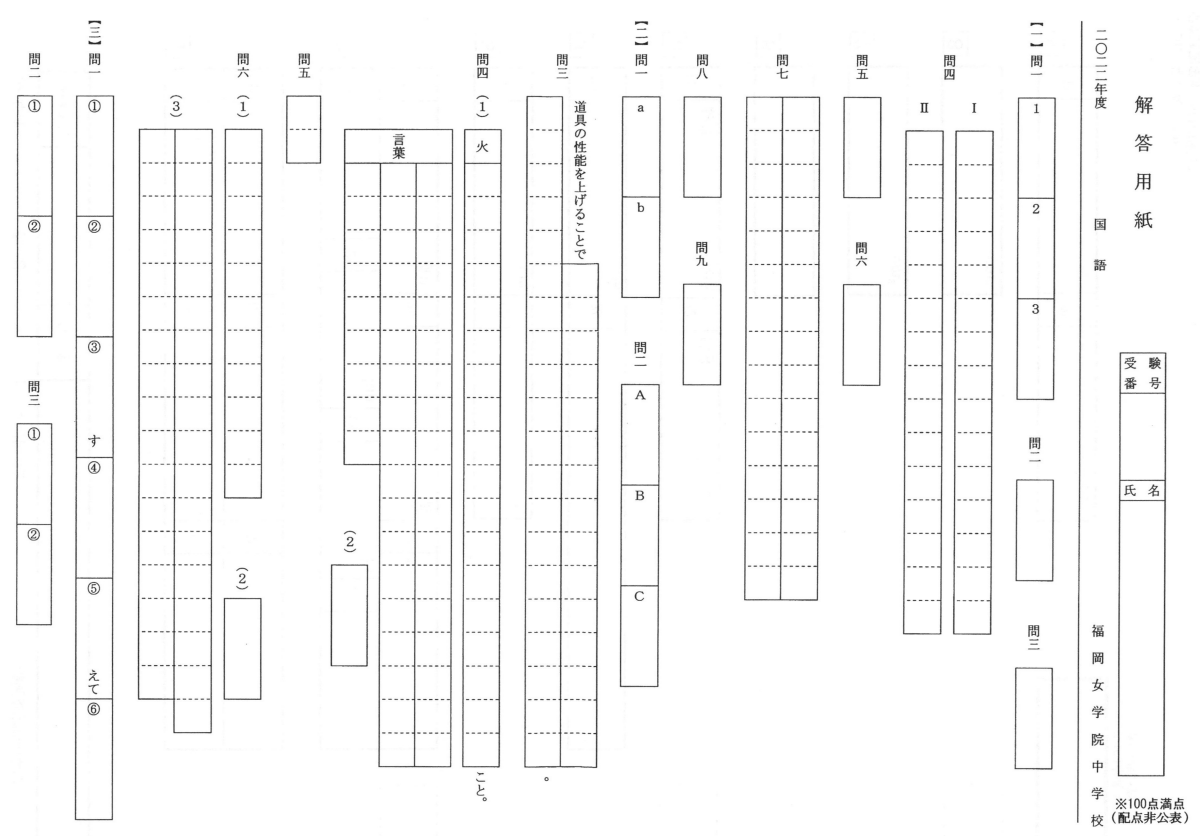

2022年度　　算 数　　解 答 用 紙　　福岡女学院中学校

受験番号		氏 名	

1

(1)		(2)		(3)	
(4)		(5)		(6)	

2

(1)		(2)	km	(3)	円	(4)	
(5)	通り	(6)	倍	(7)	$y=$		

3

(1)	cm	(2)	L

4

(1)	点	(2)	

5

(1)	時速　km	(2)	時速　km

6

7

cm^2

8

cm^3

9

(1)		(2)	cm^2

※100点満点
（配点非公表）

受験番号		氏名	

2022年度　英語　解答用紙　福岡女学院中学校

1

1.	2.	3.	4.

2

1.	2.	3.	4.

3

1.	2.	3.	4.

4

1.	2.

5

1.	2.

6

1.	2.	3.	4.	5.

7

1.	2.	3.	4.	5.

8

1. (2番目)	(4番目)	2. (2番目)	(4番目)	3. (2番目)	(4番目)	4. (2番目)	(4番目)

9

1.	2.

10

1.	2.

11

問1		問2		問3		問4	

12

問1	1.	2.	問2		問3	

※100点満点
（配点非公表）

２０２２年度　福岡女学院中学校　１月入試　総合問題
解　答　用　紙

受験番号		氏　名	

※100点満点
（配点非公表）

1

問1	(1) A	B	(2)
	(3)	(4)	(5)

問2	(1)①	②	(2)①	②	③	④	(3)
問3	(1)	(2) A	B	(3)	(4) (i)	(ii)　　秒	(iii)

問4	(1)	(2)
	(3)	40
	(4)	

2

問1		問2	2	3	問3
問4	(1)	(2) あ	い		
問5		問7		問8	
問6				問9	

問10	(1) 愛知県	岩手県	香川県	栃木県
	(2)〈１〉	〈２〉	(3)	
	(4)　のほうがよい。それは　から。			
問11	(1) 1	2	(2)	

3

問1		問2									
問3											
問4	④	⑤	問5		問6		問7		問8		
問9		問10									
問11		問12									
問13	プラスチック製	紙製									
問14											
問15											

（45分）

（注意）①解答はすべて解答用紙に記入しなさい。②字数の指示がある場合は、句読点等も字数に含《ふく》んで書くこと。

【一】 次の文章を読んで、後の問いに答えなさい。

僕《ぼく》は、学ぶ目的のひとつは、「どうしたら自由になれるか」ということではないかと思っています。

「幸せになるため」という回答も悪くはないけれど、漠然《ばくぜん》としすぎているような気がします。「少しでも自由になるために学ぶ」というほうが、たぶん理解しやすいでしょう。

たとえば、この山を越《こ》えたところには、別の村があって、そこでは、いろいろな果物が豊かに実っているらしい。そういう話を伝え聞いても、昔は山に道がなかったので、そこへ行くことができませんでした。

「この二〇〇〇メートルを超《こ》える山を、どうやって越えていけばいいのか」「途《と》中《ちゅう》で迷ったら、戻《もど》って来られないかもしれない」。そう考えて行動に移せない時代が長かったのです。

（　Ａ　）、長い歴史の中で、先人たちが少しずつ注1先鞭《せんべん》を付け、山を越える道を見つけていきます。獣《けもの》の通り道をたどって、新たな道を見つけたりもします。そして、ある道を歩いていったら、確実に向こうの村に行けることがわかるようになります。

人々はいままで狭《せま》い世界の中に閉じ込《こ》められていたけれども、その道を知ったことによって、㋑新天地での生活を営む可能性を手に入れたのです。さらに、目的に応じて、いろんなところにも出かけられるようになっていきます。

これは（　Ｂ　）、人間が「自由になる」ということです。何も知らなければ、今の生活の枠《わく》から一歩も外に出られないけれど、いろいろな知識を手に入れるにつれて、行動範囲《はんい》が広がっていきます。

「こちらの道のほうが楽に行ける」とか「これを使ったほうがおいしいものが手に入る」とか、「生で食べたら毒にあたって死んでしまうけど、こういうふうに調理すれば安全に食べられる」とか。

毎日㋺ひもじい思いをしていたけれども、知識を得ることで、生活がぐんと楽になる。そういうことが起こるわけです。

①もうひとつ、例をあげましょう。赤ちゃんは、成長の㋩過程でスプーンやフォーク、お箸《はし》の持ち方を学びます。手づかみだと熱いものは食べられないけれど、それらを使えば、ある程度熱いものでも食べられるし、手も汚《よご》れなくて済みます。

お箸を持つ練習をしたら、食事をするうえでの「自由」が手に入れられるわけです。もちろん手づかみで食べてもいいけれど、お箸も使えるようになれば、食べるときの選択肢《せんたくし》が増えるからです。

このように選択肢が増え、目的に応じて選べることを「自由」と言います。自由という言葉には、もっと多様な意味がありますが、さしあたりの意味で言うと、これが「自由」の大切な意義のひとつです。私たちが知識や㋥スキル、ノウハウを身につけようとするのは、②この意味での自由を手に入れるためなのです。目的に応じて、たくさんの選択肢から最良のものを選べばいいわけで、その選択肢を広げていけば自由度が増すわけです。

ただし、その「最良のもの」が「自分にとって最良」か、それとも「みんなにとって最良」かで、選択が違《ちが》ってきます。いや、違ってくることがあります。それによって本当に「自由」なのかどうかも違ってくるのですが、このことはもう少しあとで。

かつては、多くの人が生まれ育った村で農業に従事し、そこで死んでいきました。彼《かれ》らは一生に数回しか村を出ませんでした。戦後しばらくまでは、③それが当たり前だったのです。

僕は八ヶ岳《やつがたけ》に山の家を建てました。その土地は、地元の山林地主さんに頼《たの》んで分けてもらったものです。その土地を売ってくれた地主の奥《おく》さんは、山梨県のその村からほとんど出たことがないと言います。外に出かけるのは選挙のときぐらいだそうです。その人は隣《となり》の村からお嫁《よめ》に来ましたが、車の免許《めんきょ》を持っていないから遠くには行けません。どこへ行くにも歩いていかなければならなかったから、歩いて行ける範囲の世界が生活圏《せいかつけん》なのです。一度、東京に連れてきてあげたら、すごく驚《おどろ》いていました。

今は世の中がどんどん広がって、地球規模のことを頭に置かなければ、生きていけなくなっています。もはや生まれた村で生き、そこで死んでいく時代ではありません。④生まれ育ったところに、自分が従事できる仕事があるとも限りません。

つまり、昔の人は、世の中のことをそれほど知らなくても生きていけたけれど、今はそういうわけにはいかないのです。

（　Ｃ　）農業をするとしたら、宅配便などの配送サービスについてある程度知っていないといけないですし、トラクターなど車の運転の方法を知っていることも必要です。さらに、農薬を撒《ま》けば農作業が楽になるかもしれないけれど、作物は汚染《おせん》されてしまう可能性がある、という知識がないと、安全な野菜や作物を育てることはできません。

⑤昔に比べて、今や知ることを怠《おこた》っていては、自分や自分の生活を守ることも難しくなっているのです。

（汐見稔幸「人生を豊かにする学び方」ちくまプリマー新書による）

注1「先鞭を付け」・・・・他よりも先に取りかかる。

②

問一　（　Ａ　）～（　Ｃ　）にあてはまることばとして最もふさわしいものを次から選び、それぞれ記号で答えなさい。

ア　そして　　イ　つまり　　ウ　たとえば　　エ　でも

問二　――線㋑「新天地」、㋺「ひもじい」の意味として最もふさわしいものを次から選び、それぞれ記号で答えなさい。

㋑「新天地」
ア　新たに生きる場所
イ　新しく変化する場所
ウ　楽園のような場所
エ　ふるさとのような場所

㋺「ひもじい」
ア　干ばつで食べられない
イ　一人でさびしい
ウ　空腹でがまんできない
エ　貧しくてつらい

問三　――線㋩「過程」、㊁「スキル」を言い換《か》えた言葉として最もふさわしいものを次から選び、それぞれ記号で答えなさい。

ア　開発　　イ　技術　　ウ　プロセス　　エ　ポジティブ

問四　――線①「もうひとつ、例をあげましょう」とありますが、一つ目にはどのような例があげられていましたか。次の文を読み、Ⅰ、Ⅱにあてはまる言葉を文中からそれぞれ指定字数で抜《ぬ》き出して答えなさい。

Ⅰ（四字）で生きていた人間が、新たな道を知ったことでⅡ（四字）が広がったという例。

問五　――線②「この意味」とありますが、どういう意味ですか。三十字以内で答えなさい。

問六　――線③「それが当たり前だったのです」とありますが、どういうことが「当たり前」だったのですか。二十五字以内で答えなさい。

問七　――線④「生まれ育ったところに、自分が従事できる仕事があるとも限りません」とありますが、どういうことを言おうとしていますか。最もふさわしいものを次から選び、記号で答えなさい。

ア　キャッシュレスが急速に広まる今日、地方暮らしで現金払《げんきんばら》いにこだわっていると、時代の流れに遅《おく》れてしまうということ。
イ　日本の乏《とぼ》しい資源や低い自給率では、他国の輸入に頼《たよ》らなければ高水準な生活を送ることはできないということ。
ウ　国際化が進む中で、日本にいたとしても、英語を話すことができなければ外国人と関わることができないということ。
エ　人や物が自由に地域や国境を越えられる今日、自分の生まれ育ったところだけで生きていけるとは考えにくいということ。

問八　――線⑤「昔に比べて、今や知ることを怠っていては、自分や自分の生活を守ることも難しくなっているのです」とありますが、本文をふまえて私たちが「自分や自分の生活を守る」ためには、実際にはどのようなことが必要だと考えられますか。例として最もふさわしいものを次から選び、記号で答えなさい。

ア　近所の人とのコミュニケーションを第一に考え、自分にとって有益な情報を得て行動すること。
イ　インターネットで検索《けんさく》をして、若い人の間で何が流行しているのかをいち早く知って行動すること。
ウ　多くの情報の中から正しい情報を選び、自分の置かれている状況《じょうきょう》を客観的に理解して行動すること。
エ　新聞や本をよく読んで、歴史的に日本人がどのようにして暮らしてきたかを調べて行動すること。

問九　次は、本文を読んだ生徒たちが本文の内容について感想を交わした会話です。本文の内容としてふさわしくないものを一つ選び、記号で答えなさい。

ア　生徒Ａ――人は学ぶことで知識を得ることができ、その知識によって選択肢が広がっていくと筆者は言っていたね。
イ　生徒Ｂ――うん。選択肢の広がりが自由を得ることになり、自由を得ることが幸せにもつながるんだよね。
ウ　生徒Ｃ――そうそう。この文章は学ぶ目的について多くの具体例があげられていて、わかりやすくて説得力があったね。
エ　生徒Ｄ――うん。具体例は全て筆者の体験が基《もと》になっていて現実味があったし、学ぶことの大切さが伝わってきたね。

③

【二】中学生の朋彦《ともひこ》は、陸上部に所属しています。男子の部長は長谷川で、女子の部長は美晴です。朋彦は、病気療養《りょうよう》のために転校してきた菊池悠《きくちゆう》と親しくしています。次は陸上の新人戦の日の話です。読んで、後の問いに答えなさい。

十二月に入ってすぐの新人戦。当日の朝、会場の県立競技場に立つと、冬の冷たい空気が胸にしみるように感じた。寒い寒い、と嫌《いや》がるヤツも多いけど、俺《おれ》は冬に走るのが好きだ。冷たい空気に膝《ひざ》やふくらはぎがピリピリするたび、闘《たたか》っているっていう気持ちになる。

「いよいよだな」

横に立った長谷川が言う。「ああ」と俺は答えた。当日になって（　Ａ　）緊張《きんちょう》が増してくる。今更《いまさら》だけど、確認《かくにん》してみたくなった。

「①リレーのアンカー、本当に俺でいいのか」

「最初から朋彦しかないって、みんな思ってたって。悔《くや》しいけど、俺より速いもんな」

長谷川が苦笑《にがわら》いする。

「だからさ、お前にはどうしてもしっかり部活出て欲《ほ》しかったんだよ。ありがとうな、当番でもないのに、今日まで準備も片づけもずっとやってただろ。あれ見て、部内の気持ち、かなりまとまったと思う」

「いや、もともと俺、不真面目だったし」

「うん。だから部長は、お前よりタイム遅くても俺に回ってきた。俺の方がみんなに慕《した》われてるし」

「自分で言うか？　普通《ふつう》、それ」

ふざけ調子に笑いながら、だけど心の中で感謝する。本当にその通りだ。長谷川には、助けられたことがいっぱいある。ウォームアップを先に終えた女子が、美晴を中心に集まって、「ファイトー、おー」と気合いを入れている。声を合図に輪がバラバラと解散してすぐ、美晴が俺たちの方にやってきた。

「菊池くん、応援《おうえん》に来てるね」

「え、マジで？」

「うん、あそこ」

部活に入っていない生徒は、新人戦の日は学校で自習をする決まりになってるはずだ。悠から何も聞いていなかった俺は、驚いて美晴の指差す方向を見つめた。スタジアムの真ん中の席、変装のつもりなのか、帽子《ぼうし》を（　Ｂ　）かぶった悠の姿が確かにある。

あいつ、学校、サボったのか。

驚き、それから少しおかしくなった。あいつは何でも大人の言いなりなのかと思ってたのに。

横で俺たちの様子を見ていた長谷川が「あのさ、ごめんな」と、気まずそうに話しかけてきた。

「あの転校生、体が弱くて、体育できないんだってな。『地味なヤツ』なんて言ってごめん」

「気にするようなヤツじゃないよ、悠は」

言いながら、だけど自分のことのように（　Ｃ　）した。俺だって、前にあいつに言ってしまったことがある。『何でもかんでも体や病気のせいにするなよ』……。今、長谷川は謝《あやま》ったけど、俺は悠に謝っていない。

予選を終え、百メートルも四×百のリレーも、順調に決勝に進むことができた。リレーの決勝は、他の種目が全部終わった後、一番最後に行われる。

百メートルの決勝で、俺は市内四位のタイムだった。俺の中では新記録のタイムだったけど、三位までの表彰《ひょうしょう》には届かなかった。結果を見て、顧問《こもん》や部活仲間は「すごい」って喜んでくれたけど、俺は複雑な気持ちだった。今年は去年よりかなり真剣《しんけん》にやってきたつもりだったし、もっといい成績が出せると思っていた。リレーの決勝を前に、改めて緊張する。

アンカーをつとめるってことは、みんなからそれだけ期待されて役割をもらったってことなのに、当《とう》の俺の実力って、こんなものなのか？　うちの学校のメンバーは、リレー選手に選ばれなかった部員も含めて、きっと全員が四×百で入賞する気でいるはずだ。

いよいよ、リレーの決勝が始まる。

四百メートルのトラックのゴールまで百メートルの地点で、深呼吸しながら足首を回す。俺は、三番目に走ってくる長谷川から、バトンをもらうことになっていた。

「ヨーイ、スタート！」

号令の声とともに、第一走者が駆《か》け出す。悪くなかった。先頭から数えて三番目、一位二位にぴったりつけて、うちの陸上部の赤いバトンが揺《ゆ》れる。続く第二走者も、そのペースを崩《くず》さないまま、あっという間に長谷川までバトンをつないだ。

④

声を張り上げて「いいぞ！」と手を叩《たた》きながら、②喉《のど》の奥《おく》がこわばったように乾《かわ》いていくのがわかった。順番が近づいてくる。

長谷川がバトンを握《にぎ》り締《し》め、スタートする。長谷川のバトンの受け取り方、スタートダッシュは、本当にフォームが整っていてきれいなのだ。スムーズな動きで駆け出した長谷川が、並んでいた三位までの先頭集団から、一歩、抜《ぬ》け出した。部員たちが歓声《かんせい》を上げるのがわかった。

一位だ！

しかし、そのときだった。順調に前に進んでいた長谷川の横、それまで一位を走っていた学校の生徒が、焦《あせ》ったように体を前のめりに倒《たお》す。スピードを上げようとしたのかもしれない。しかし、その弾《はず》みで体が崩れ、そのまま、長谷川の足に向け、肩から倒れた。

目を見開く。一瞬《いっしゅん》、何が起きたのか、わからなかった。

転んだそいつと一緒《いっしょ》に、長谷川の体がよろけた。顔が、信じられない、という表情を浮《う》かべていた。コースをアウトしかける。俺は、悲鳴のような声を上げた。

「長谷川！」

倒れた選手とよろけた長谷川の横を、次々と別の走者が追い抜いていく。部員たちを見ると、みんな言葉もなく、女子もみんな口に手をあてて、様子を見守っていた。

〈中略〉

体を斜《なな》めにそらしたまま、転びかける一歩手前で踏《ふ》みとどまっているように見えた。

その顔を見た途端《とたん》、あいつがまだ諦《あきら》めていないことがわかった。歯を食いしばって、足でグラウンドを精一杯《せいいっぱい》蹴《け》って、俺に向かって駆けてくる。先頭集団とそんなに差は開いていないが、俺の目に、トップとの距離《きょり》は途方《とほう》もなく遠いものに思えた。ラストで挽回《ばんかい》できるかどうかは、ギリギリだ。

だけど、長谷川はそこから猛烈《もうれつ》な勢いで立て直そうとしている。決意が感じられた。あいつは、俺に懸《か》けてる。覚悟《かくご》ができた。誰《だれ》にも頼らず、俺がやらなければダメなんだと。

「朋彦！」

バトンを俺に渡《わた》す長谷川の顔は、泣きそうに歪《ゆが》んで、本当に苦しそうだった。

「すまん、頼む！」

返事をする時間も惜《お》しかった。③俺は無言で頷《うなず》き、バトンを受け取って走った。今までで一番、バトンリレーがうまくいった。

ふいに、周囲の音が何も聞こえなくなる瞬間がやってきた。

前を走ってる相手の背中を目指して、ただひたすらに風を切る。意識したわけでもないのに、体はぶれもせず、自由に軽く動いた。走ることしか、考えなかった。④風を受け、見えない力に背中を押《お》されるようだった。自分の胸から、鼓動《こどう》の音が聞こえる。

どうして百メートルしかないんだろう。もっと、もっと、走れる。必死な長谷川の顔や、声を張り上げる部員の顔や、そういうのが全部、頭の中で声がない画面のように流れる。

先頭集団の中に飛びこむ。一人、やっとの思いで追い抜く。必死だった。そのとき、声が聞こえた。

「朋彦、がんばれ！」

それは、美晴の声にも長谷川の声にも聞こえたし、他の部員や先生たちの声にも聞こえた。だけど、それがスタジアムの悠のものかもしれないと思ったとき、俺は走るっていうのは本当に気持ちのいいことだと知った。これが自由にできない悠の体が、どれだけ苦しく、もどかしいのかってことも。

目の前には、あと一人の背中が残っているだけになった。音が戻《もど》ってくる。歯を食いしばって、俺は目の前を走る背中に自分の肩を並べた。地面を蹴る足に力が入る。

俺の胸がゴールテープを切った瞬間、それまで消えていた音が一気に戻ってきた。わぁぁぁ、と歓声が上がる。俺はゴールしても勢いが止まらず、数メートル走ったところでようやく足を止めた。途端に膝から力が抜けて、頭の奥が震《ふる》えるようにガンガンした。

「朋彦！」

美晴や、それに長谷川が駆け寄ってくる。二人とも、涙《なみだ》をこらえてるように顔が真っ赤だった。部員たちに頭をぐしゃぐしゃ乱暴になでられ、肩を抱《だ》かれていると、少し遅れてようやく、うちがトップだってことが理解できて、⑤肩にかかっていた力がゆるんでいく。

「アンカーで走ったタイム、さっき、個人で走った百のタイム、超えてるって」

美晴が息を切らすような声で教えてくれた。

⑤

「百で一位だった子より、朋彦のさっきの走りの方が速かった。本番であの走りだったら、個人の優勝、朋彦だったよ」
「よかった」
俺も大きく呼吸しながらこたえる。だけど、今のリレーの走りは、自分一人だけじゃ絶対にできなかった。つないだバトンを受けたから、初めて足があんなふうに前に出たんだ。
「よくやった、朋彦」
長谷川はもう、⑥顔だけじゃなくて目も真っ赤だった。「ありがとう」なんてがらにもなく言われると、なんだか気まずい。⑦「俺の方こそ」と答えた。

（辻村深月「約束の場所、約束の時間」『サクラ咲く』所収　光文社文庫による）

問一　（Ａ）～（Ｃ）にあてはまることばとして最もふさわしいものを次から選び、それぞれ記号で答えなさい。

ア　かすかに　　イ　いよいよ　　ウ　ドキッと　　エ　ふかぶかと

問二　――線①「リレーのアンカー、本当に俺でいいのか」とありますが、このときの朋彦はどのような心情でしたか。最もふさわしいものを次から選び、記号で答えなさい。

ア　部長でもあり、本気を出せば自分より速く走れる長谷川に、リレーのアンカーをつとめてほしいと願っている。
イ　競技場に来たのにだれも声をかけてくれないので、部の皆が自分を嫌っているのではないかと心配になっている。
ウ　試合を前に落ち着かない気持ちになり、自分はアンカーとしてふさわしくないのではないかと不安になっている。
エ　部の中で一番足の速い自分がリレーの最初に走ったほうが、好成績につながるのではないだろうかと迷っている。

問三　――線②「喉の奥がこわばったように乾いていくのがわかった」とありますが、これは朋彦のどのような様子を表していますか。二十五字以内で書きなさい。

問四　――線③「俺は無言で頷き、バトンを受け取って走った」とありますが、このときの朋彦はどのような心情でしたか。最もふさわしいものを次から選び、記号で答えなさい。

ア　転倒《てんとう》しかけるという大失敗をした長谷川だが、足を止めることなく最後まで走り抜いたので、なじるような言葉を投げかけてはならないと心を静めようとしている。
イ　転倒しかけた長谷川が、先頭集団に追いつくことをあきらめず、アンカーである朋彦にバトンをつなごうとする気迫《きはく》を感じ取り、アンカーとしての役割を果たそうと決心している。
ウ　自分が転倒しかけたために開いてしまった先頭集団との差を、朋彦に押しつけようとする長谷川を、許す気持ちにはなれないので、無視することで怒《いか》りを表そうと考えている。
エ　転倒したことで優勝から遠ざかってしまったと自分を責め続けながら走ってきた長谷川を、どうしたらはげましてやることができるだろうかと真剣《しんけん》に考えている。

問五　――線④「風を受け、見えない力に背中を押されるようだった」とありますが、この表現から朋彦のどのような様子が分かりますか。最もふさわしいものを次から選び、記号で答えなさい。

ア　チームメイトたちの思いを感じて走るうちによけいな思いが消え、持っていた最大限の能力が引き出されている様子。
イ　チームメイトの声援や風を受けることで、世界中が自分の味方をしてくれていることが分かり自信がわいている様子。
ウ　アンカーとしての役割を任せてもらえたことで、チームメイトの信頼を取りもどすことが出来たと安心している様子。
エ　風の音に包まれてチームメイトの声援が聞こえないが、風が味方なのだから最後まで走ろうと決意している様子。

問六　――線⑤「肩にかかっていた力がゆるんでいく」とありますが、このときの朋彦はどのような心情でしたか。最もふさわしいものを次から選び、記号で答えなさい。

ア　個人の百では思うような結果が残せなかったが、リレーのアンカーとしては満足な走りが出来て、悔しい気持ちが消えている。
イ　仲間たちの歓声の大きさから、チーム全員に受け入れてもらえたことが分かり、もう意地を張らずにすむと気が緩《ゆる》んでいる。
ウ　個人で百を走った後、体を休める間もなくリレーで走ったうえ、今までにないアクシデントが起こり疲《つか》れが一気に出ている。
エ　仲間たちの言動から、自分のチームが勝利したということが分かり、アンカーとしての役割を果たせたと安心している。

問七　――線⑥「顔だけじゃなくて目も真っ赤だった」とありますが、このとき長谷川はどのような心情でしたか。最もふさわしいものを次から選び、記号で答えなさい。

ア　陸上部の部長にふさわしいのは朋彦だったと痛感し、部長を引き受けたことを涙を流して後悔《こうかい》している。
イ　転倒した自分のことを責めることなく、勝利を素直に喜ぶチームメイトたちに涙ぐむほど感謝している。
ウ　最終的にチームが勝利したことで、自分は部長の責任を果たすことができたと泣いてしまうほど喜んでいる。
エ　自分の走順で起きた不利な状況から、朋彦の走りで逆転しチームが勝利したことに泣きそうなほど感動している。

問八　――線⑦「『俺の方こそ』と答えた」とありますが、なぜ朋彦は「俺の方こそ」と言ったのですか。五十字以内で書きなさい。

問九　この文章の特徴《とくちょう》の説明として最もふさわしいものを次から選び、記号で答えなさい。

ア　一文の中で同じ調子の言葉をくり返したり、「!」や「?」などの記号が多く用いられている。そのことによって、読者に登場人物の心情をいきいきと感じさせる効果がある。
イ　それぞれの場面が、その中心となるそれぞれの人物の視点で描《えが》かれている。特に、朋彦が走る場面では、登場人物の表情が豊かに描かれ、読者が興奮を覚えるような効果がある。
ウ　文章全体において、朋彦の視点から登場人物の様子が描かれている。特に、リレーの場面では、登場人物の身体の動きが細やかに描かれ、読者にその場にいるような感覚を与《あた》える効果がある。
エ　中心となる場面において、会話文をくり返したり、比喩《ひゆ》や倒置《とうち》などの表現方法が多く用いられている。そのことによって、読者の想像力をかきたてて物語に引き込む効果がある。

【三】次の語句に関する問いに答えなさい。

問一　次の各文の――線部についてカタカナは漢字に直し、漢字はよみを答えなさい。

①　日常生活で、様々なセイゲンがなくなった。
②　市役所に書類をテイシュツする。
③　ハタラき方の改革が進められる。
④　休日に近くの雑木林を歩く。
⑤　時間をかけて作戦を練る。

問二　次の各文のうち、――線部の漢字の使い方が正しい文はどれですか。一つ選び、記号で答えなさい。

ア　三十年間一つの会社に努める。
イ　クラスの国語学習係を務める。
ウ　目標を達成できるように勤める。

問三　次の各熟語の成り立ちとして、最もふさわしいものを後の語群から選び、それぞれ記号で答えなさい。

①　通過　②　急流

（語群）

ア　上の漢字が下の漢字を修飾《しゅうしょく》する組み合わせ　イ　意味が反対になる漢字の組み合わせ
ウ　似た意味の漢字の組み合わせ　エ　「～を」「～に」に当たる漢字が下に来る組み合わせ

問四　次の各文の――線部をそれぞれ正しい敬語に直しなさい。ただし、ひらがなで指定字数で答えること。

①　お客様のお宅に行く。（四字）
②　入学式で校長先生がお祝いの言葉を言う。（五字）

（注意）解答はすべて解答用紙に記入しなさい。
（45分）

1 次の計算をしなさい。

(1) $20 \div 5 + 2 \times 11$

(2) $(30 - 7 \times 2) \div 8$

(3) $\frac{5}{6} \div \frac{2}{3} - \frac{1}{4}$

(4) $\frac{2}{5} + \frac{2}{7} \div 1\frac{1}{3}$

(5) $3.8 \times 1.6 - 1.42$

(6) $12.5 \times 13 \times 16 - 2.5 \times 11 \times 40$

2 次の□を正しくうめなさい。

(1) $(47 - 2 \times \square) \times 2 - 11 = 15$

(2) 時速□kmの速さで進むとき，48 分間で進む道のりは 8 kmです。

(3) 8400 円を 2 人で 5：7 の比に分けます。2 人の金額の差は□円です。

(4) 36 の約数をすべて書き並べると，□になります。

(5) 大小 2 つのさいころを同時に投げたとき，出た目の数の和が 6 の倍数になるのは□通りです。

(6) 半径が 5 cmの円の面積を求めると□cm^2です。ただし，円周率は 3.14 とします。

(7) 底面積が 15 cm^2，高さが x cm，体積が y cm^3の五角柱があります。x と y の関係を式に表すと，$y=$□となります。

3 次の各問いに答えなさい。

(1) Aさんには兄と妹がいて，Aさんと妹は 4 才差，妹と兄は 8 才差です。3 人の年れいの平均が 14 才のとき，兄は何才ですか。

(2) Bさんははじめに 2000 円持っていましたが，おこづかいとしてお母さんからいくらかもらいました。その後，Bさんはお店で 840 円の商品をいくつか買って 50 円の箱につめると，所持金が 0 円になりました。Bさんがもらったおこづかいが 1000 円より少ないとき，おこづかいの金額はいくらですか。

4 1 ～ 15 の数字が書かれたカードがあります。先生がカードを 1 枚引き，Aさん，Bさん，Cさんの 3 人がそのカードを見て次のように発言をしました。

Aさん：「カードには 3 の倍数が書かれていたよ。」
Bさん：「カードに書かれた数字を 4 で割ると，余りが 1 になりました。」
Cさん：「カードには 10 より大きい数が書かれていたよ。」

2 人の発言が正しく，1 人の発言が間違いであるとき，以下の問いに答えなさい。

(1) Cさんの発言が間違いであるとき，引いたカードに書かれている数字を求めなさい。

(2) 引いたカードとして考えられるものをすべて求めなさい。

（注意）解答はすべて解答用紙に記入しなさい。

5　Aさんは 1600 mはなれた学校に向かって歩いて家を出発しましたが，途《と》中で忘れ物に気づいたので家へ引き返しました。その後，Aさんのお母さんは忘れ物を届けるために，家から自転車でAさんを追いかけました。右のグラフは，Aさんが家を出発してから2人が出会うまでの時間と2人の間の距離《きょり》を表しています。このとき，次の問いに答えなさい。ただし，Aさんが歩いているときの速さとAさんのお母さんが自転車で追いかける速さは一定であるものとします。

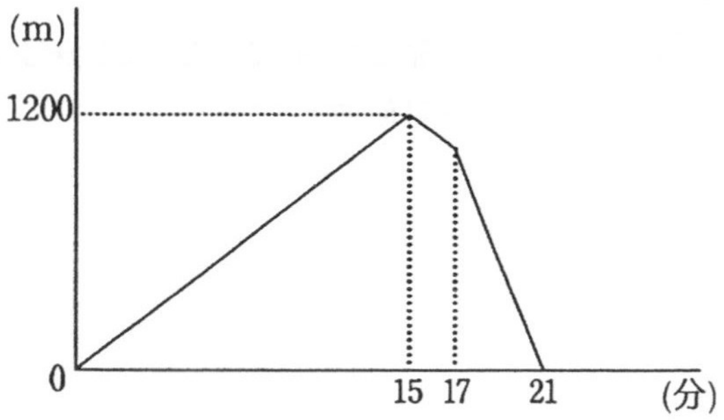

(1)　Aさんの歩く速さは分速何mですか。

(2)　Aさんのお母さんがAさんに追いついたのは，家から何mの場所ですか。

(3)　Aさんはお母さんと出会って2分後に学校に向かって走り出し，その8分後に学校に着きました。忘れ物をせずに学校に行った場合より何分遅く学校に着きましたか。

6　下の図は，正五角形を5つの線で区切ったものです。㋐と㋑の角の大きさを求めなさい。

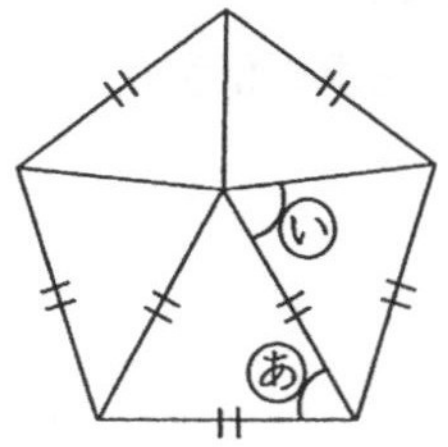

7　下の図は，同じ大きさの立方体をすき間なく積み重ねたものです。使用した立方体の個数を求めなさい。

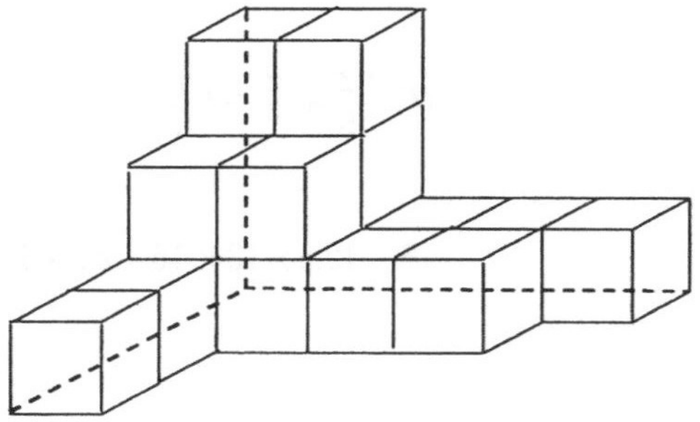

8　図1のような容器があります。図2のようにこの容器に水を入れた後，ふたをして逆さまにすると，図3のようになりました。円柱部分の底面積が 40 cm^2のとき，次の問いに答えなさい。

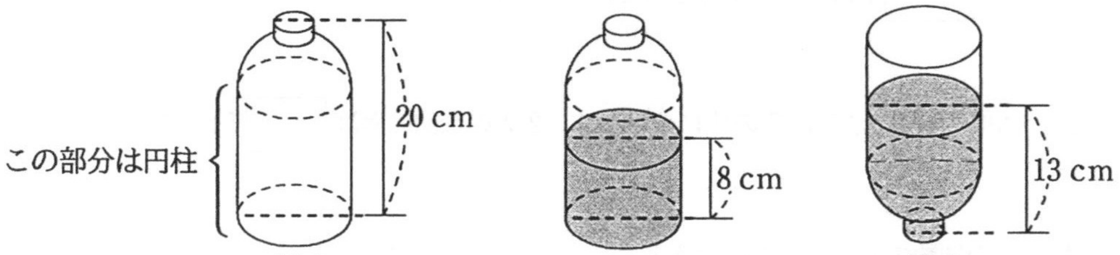

図1　図2　図3

(1)　図2において，容器に入れた水の体積を求めなさい。

(2)　容器の体積を求めなさい。

9　下の図の斜《しゃ》線部分の面積を求めなさい。

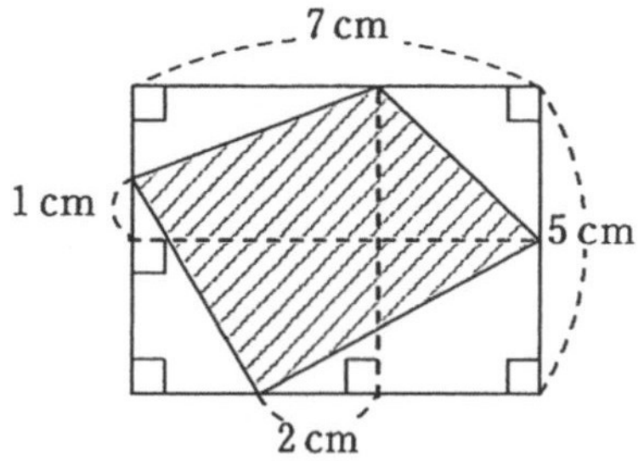

（注意）解答はすべて解答用紙に記入しなさい

※放送原稿非公表

（45分）

1　それぞれの絵に関する英文①～④を聞き、最も適切なものを１つ選び、番号で答えなさい。英文はそれぞれ２回読まれます。

1.

①
②
③
④

2.

①
②
③
④

3.

①
②
③
④

4.

①
②
③
④

2　次の対話を聞き、最も適切な応答を①～④の中から1つ選び、番号で答えなさい。対話はそれぞれ２回読まれます。

1. ① I went to a friend's birthday party.
② I will study math.
③ I am playing video games.
④ It was great!

2. ① On Mondays
② Twenty minutes
③ From my house
④ With my friend

3. ① You're so kind!
② Please give me your wallet now.
③ You're welcome.
④ That's delicious.

4. ① Me, too.
② I love playing the piano.
③ No, I don't like movies.
④ Sounds good.

3　英文と質問を聞き、その答えとして最も適切なものを①～④の中から１つ選び、番号で答えなさい。英文と質問はそれぞれ２回読まれます。

1. ① Sally
② John
③ Tomorrow
④ His new pet

2. ① The violin
② The piano
③ The trumpet
④ The drums

3. ① He will go to watch a soccer game.
② He will visit his brother.
③ He will play soccer with his mother.
④ He will go shopping.

4. ① Peaches
② Apples
③ Bananas
④ Strawberries

4　対話とそのあとの質問を聞き、答えとして最も適切なものを①～④の中から１つ選び、番号で答えなさい。対話と質問はそれぞれ２回読まれます。

1. ① She finished all her homework.
② She finished her math homework.
③ She didn't finish anything.
④ She finished her science report.

2. ① She usually goes by train.
② She usually goes by train and bicycle.
③ She usually goes by train and runs.
④ She usually runs.

5　下のグラフは学校の勉強科目についてのアンケート結果です。まずグラフをよく見てください。(20秒)

今から英語の説明を聞いて、次の2つの質問の答えとして最も適切なものを①～④の中から1つ選び、番号で答えなさい。英文は2回読まれます。

(１回目と２回目の間に20秒の間があります。)

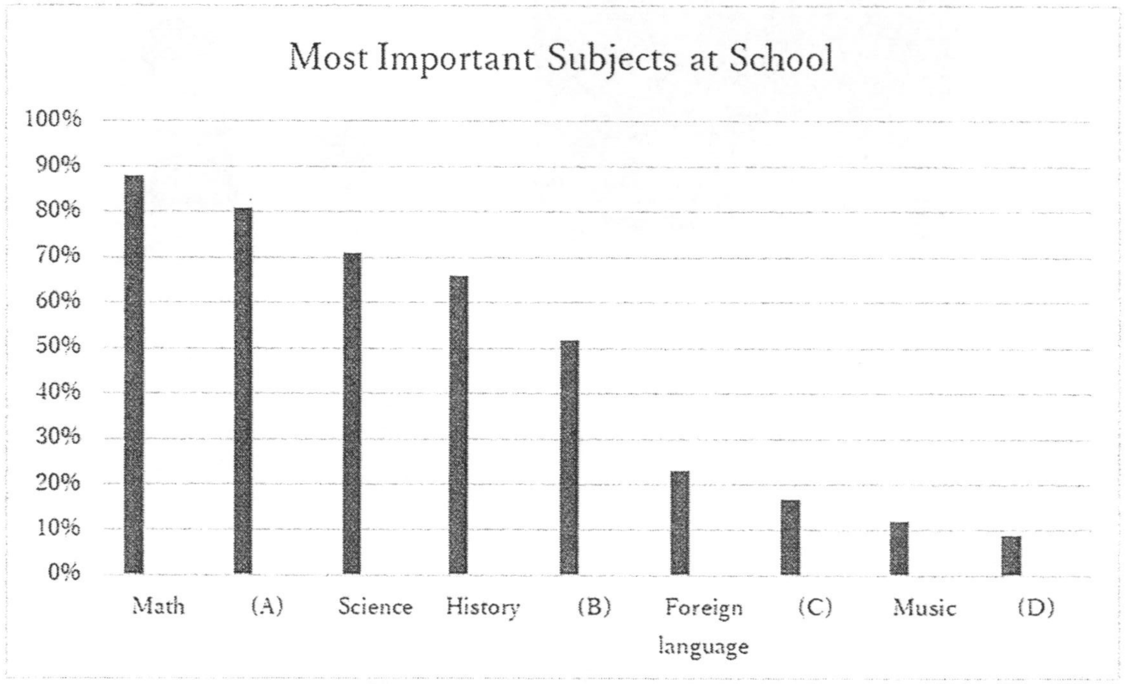

1. Choose the correct answer for (A) and (B).
① (A) English　(B) PE
② (A) PE　(B) Music
③ (A) English　(B) Computers
④ (A) Art　(B) Computers

2. What percentage (%) of students said that PE was important?
① 81%
② 52%
③ 18%
④ 9%

＜これで、リスニングテストを終わります。ひきつづき、あとの問題を解いてください。＞

6 次の各文の(　　)に入れるのに最も適切なものを①～④の中から1つ選び、番号で答えなさい。

1. Go to the (　　) to send a letter.
① post office　② restaurant　③ gym　④ school

2. You have to finish (　　) homework today.
① do　② to do　③ doing　④ does

3. There (　　) two cats under the table.
① is　② are　③ am　④ was

4. This river is the (　　) in Japan.
① long　② longer　③ longest　④ most long

5. Ken (　　) Japanese anime now.
① watch　② watching　③ are watching　④ is watching

7 次の会話について、(　　)に入れるのに最も適切なものを①～④の中から1つ選び、番号で答えなさい。

1. A: Will you have another cup of tea?
B: (　　) I had enough and I don't want any more.
① No, thank you.　② Sure.
③ Yes, please.　④ You're welcome.

2. A: Where did you see Miku and her brother?
B: I saw (　　) in the library.
① us　② them
③ her　④ him

3. A: Excuse me. Could you tell me the way to the station?
B: (　　) Please ask that woman.
① Of course.　② That's good.
③ Here you are.　④ Sorry. I'm not sure.

4. A: How was your sports festival, Amy?
B: (　　) I'm not good at sports but I enjoyed it.
① It was fun.　② I don't know.
③ I didn't join it.　④ My friend looked fine.

5. A: Good afternoon, Ken. Shall we go shopping tomorrow?
B: I'm sorry but I can't go. (　　)
① I like it very much.　② I have enough time.
③ I have a lot of things to do.　④ That sounds nice.

8 次の日本語の意味を表すように①～⑤の語(句)を並べかえて(　　)に入れたとき、2番目と4番目に来る語(句)を番号で答えなさい。ただし{　　}の中ではじめに来る語も小文字になっています。

1. あなたは何になりたいのですか。
What { ① be　② want　③ you　④ to　⑤ do }?
→What (　　)(2番目)(　　)(4番目)(　　)?

2. 私は今日の午後、バイオリンをひきます。
I { ① play　② the violin　③ will　④ afternoon　⑤ this }.
→I (　　)(2番目)(　　)(4番目)(　　).

3. ケンは野球部のメンバーですか。
{ ① a member　② is　③ Ken　④ the baseball team　⑤ of } ?
→ (　　)(2番目)(　　)(4番目)(　　)?

4. 彼はあなたと同じくらい速く走ることができます。
{ ① fast　② run　③ as　④ can　⑤ he } as you.
→ (　　)(2番目)(　　)(4番目)(　　) as you.

声を張り上げて「いいぞ！」と手を叩《たた》きながら、②喉《のど》の奥《おく》がこわばったように乾《かわ》いていくのがわかった。順番が近づいてくる。

長谷川がバトンを握《にぎ》り締《し》め、スタートする。長谷川のバトンの受け取り方、スタートダッシュは、本当にフォームが整っていてきれいなのだ。スムーズな動きで駆け出した長谷川が、並んでいた三位までの先頭集団から、一歩、抜《ぬ》け出した。部員たちが歓声《かんせい》を上げるのがわかった。

一位だ！

しかし、そのときだった。順調に前に進んでいた長谷川の横、それまで一位を走っていた学校の生徒が、焦《あせ》ったように体を前のめりに倒《たお》す。スピードを上げようとしたのかもしれない。しかし、その弾《はず》みで体が崩れ、そのまま、長谷川の足に向け、肩から倒れた。

目を見開く。一瞬《いっしゅん》、何が起きたのか、わからなかった。

転んだそいつと一緒《いっしょ》に、長谷川の体がよろけた。顔が、信じられない、という表情を浮《う》かべていた。コースをアウトしかける。俺は、悲鳴のような声を上げた。

「長谷川！」

倒れた選手とよろけた長谷川の横を、次々と別の走者が追い抜いていく。部員たちを見ると、みんな言葉もなく、女子もみんな口に手をあてて、様子を見守っていた。

〈中略〉

体を斜《なな》めにそらしたまま、転びかける一歩手前で踏《ふ》みとどまっているように見えた。

その顔を見た途端《とたん》、あいつがまだ諦《あきら》めていないことがわかった。歯を食いしばって、足でグラウンドを精一杯《せいいっぱい》蹴《け》って、俺に向かって駆けてくる。先頭集団とそんなに差は開いていないが、俺の目に、トップとの距離《きょり》は途方《とほう》もなく遠いものに思えた。ラストで挽回《ばんかい》できるかどうかは、ギリギリだ。

だけど、長谷川はそこから猛烈《もうれつ》な勢いで立て直そうとしている。決意が感じられた。あいつは、俺に懸《か》けてる。

覚悟《かくご》ができた。誰《だれ》にも頼らず、俺がやらなければダメなんだと。

「朋彦！」

バトンを俺に渡《わた》す長谷川の顔は、泣きそうに歪《ゆが》んで、本当に苦しそうだった。

「すまん、頼む！」

返事をする時間も惜《お》しかった。③俺は無言で頷《うなず》き、バトンを受け取って走った。今までで一番、バトンリレーがうまくいった。

ふいに、周囲の音が何も聞こえなくなる瞬間がやってきた。

前を走ってる相手の背中を目指して、ただひたすらに風を切る。意識したわけでもないのに、体はぶれもせず、自由に軽く動いた。走ることしか、考えなかった。④風を受け、見えない力に背中を押《お》されるようだった。自分の胸から、鼓動《こどう》の音が聞こえる。

どうして百メートルしかないんだろう。もっと、もっと、走れる。必死な長谷川の顔や、声を張り上げる部員の顔や、そういうのが全部、頭の中で声がない画面のように流れる。

先頭集団の中に飛びこむ。一人、やっとの思いで追い抜く。必死だった。そのとき、声が聞こえた。

「朋彦、がんばれ！」

それは、美晴の声にも長谷川の声にも聞こえたし、他の部員や先生たちの声にも聞こえた。だけど、それがスタジアムの悠のものかもしれないと思ったとき、俺は走るっていうのは本当に気持ちのいいことだと知った。これが自由にできない悠の体が、どれだけ苦しく、もどかしいのかってことも。

目の前には、あと一人の背中が残っているだけになった。音が戻《もど》ってくる。歯を食いしばって、俺は目の前を走る背中に自分の肩を並べた。地面を蹴る足に力が入る。

俺の胸がゴールテープを切った瞬間、それまで消えていた音が一気に戻ってきた。わぁぁぁ、と歓声が上がる。俺はゴールしても勢いが止まらず、数メートル走ったところでようやく足を止めた。途端に膝から力が抜けて、頭の奥が震《ふる》えるようにガンガンした。

「朋彦！」

美晴や、それに長谷川が駆け寄ってくる。二人とも、涙《なみだ》をこらえてるように顔が真っ赤だった。部員たちに頭をぐしゃぐしゃ乱暴になでられ、肩を抱《だ》かれていると、少し遅れてようやく、うちがトップだってことが理解できて、⑤肩にかかっていた力がゆるんでいく。

「アンカーで走ったタイム、さっき、個人で走った百のタイム、超えてるって」

美晴が息を切らすような声で教えてくれた。

問七　――線⑥「顔だけじゃなくて目も真っ赤だった」とありますが、このとき長谷川はどのような心情でしたか。最もふさわしいものを次から選び、記号で答えなさい。

ア　陸上部の部長にふさわしいのは朋彦だったと痛感し、部長を引き受けたことを涙を流して後悔《こうかい》している。
イ　転倒した自分のことを責めることなく、勝利を素直に喜ぶチームメイトたちに涙ぐむほど感謝している。
ウ　最終的にチームが勝利したことで、自分は部長の責任を果たすことができたと泣いてしまうほど喜んでいる。
エ　自分の走順で起きた不利な状況から、朋彦の走りで逆転しチームが勝利したことに泣きそうなほど感動している。

問八　――線⑦「『俺の方こそ』と答えた」とありますが、なぜ朋彦は「俺の方こそ」と言ったのですか。五十字以内で書きなさい。

問九　この文章の特徴《とくちょう》の説明として最もふさわしいものを次から選び、記号で答えなさい。

ア　一文の中で同じ調子の言葉をくり返したり、「!」や「?」などの記号が多く用いられている。そのことによって、読者に登場人物の心情をいきいきと感じさせる効果がある。
イ　それぞれの場面が、その中心となるそれぞれの人物の視点で描《えが》かれている。特に、朋彦が走る場面では、登場人物の表情が豊かに描かれ、読者が興奮を覚えるような効果がある。
ウ　文章全体において、朋彦の視点から登場人物の様子が描かれている。特に、リレーの場面では、登場人物の身体の動きが細やかに描かれ、読者にその場にいるような感覚を与《あた》える効果がある。
エ　中心となる場面において、会話文をくり返したり、比喩《ひゆ》や倒置《とうち》などの表現方法が多く用いられている。そのことによって、読者の想像力をかきたて物語に引き込む効果がある。

【三】　次の語句に関する問いに答えなさい。

問一　次の各文の――線部についてカタカナは漢字に直し、漢字はよみを答えなさい。

①　日常生活で、様々なセイゲンがなくなった。
②　市役所に書類をテイシュツする。
③　ハタラき方の改革が進められる。
④　休日に近くの雑木林を歩く。
⑤　時間をかけて作戦を練る。

問二　次の各文のうち、――線部の漢字の使い方が正しい文はどれですか。一つ選び、記号で答えなさい。

ア　三十年間一つの会社に努める。
イ　クラスの国語学習係を務める。
ウ　目標を達成できるように勤める。

問三　次の各熟語の成り立ちとして、最もふさわしいものを後の語群から選び、それぞれ記号で答えなさい。

①　通過　　②　急流

（語群）
ア　上の漢字が下の漢字を修飾《しゅうしょく》する組み合わせ
イ　意味が反対になる漢字の組み合わせ
ウ　似た意味の漢字の組み合わせ
エ　「〜を」「〜に」に当たる漢字が下に来る組み合わせ

問四　次の各文の――線部をそれぞれ正しい敬語に直しなさい。ただし、ひらがなで指定字数で答えること。

①　お客様のお宅に行く。（四字）
②　入学式で校長先生がお祝いの言葉を言う。（五字）

（注意）解答はすべて解答用紙に記入しなさい。

5　Aさんは 1600 mはなれた学校に向かって歩いて家を出発しましたが，途《と》中で忘れ物に気づいたので家へ引き返しました。その後，Aさんのお母さんは忘れ物を届けるために，家から自転車でAさんを追いかけました。右のグラフは，Aさんが家を出発してから2人が出会うまでの時間と2人の間の距離《きょり》を表しています。このとき，次の問いに答えなさい。ただし，Aさんが歩いているときの速さとAさんのお母さんが自転車で追いかける速さは一定であるものとします。

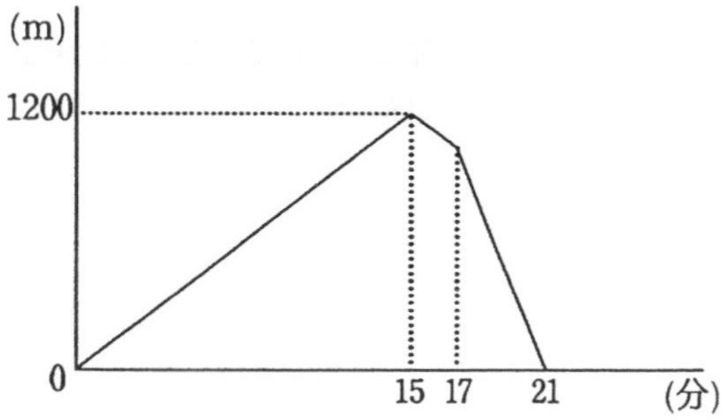

(1)　Aさんの歩く速さは分速何mですか。

(2)　Aさんのお母さんがAさんに追いついたのは，家から何mの場所ですか。

(3)　Aさんはお母さんと出会って2分後に学校に向かって走り出し，その8分後に学校に着きました。忘れ物をせずに学校に行った場合より何分遅く学校に着きましたか。

6　下の図は，正五角形を5つの線で区切ったものです。㋐と㋑の角の大きさを求めなさい。

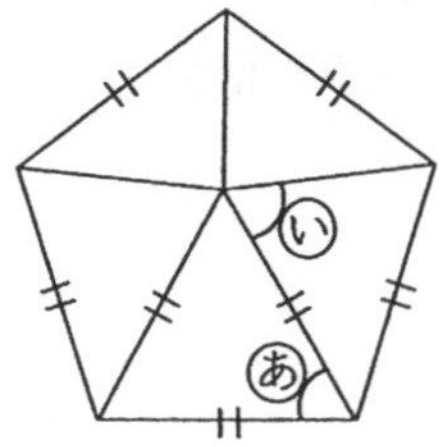

7　下の図は，同じ大きさの立方体をすき間なく積み重ねたものです。使用した立方体の個数を求めなさい。

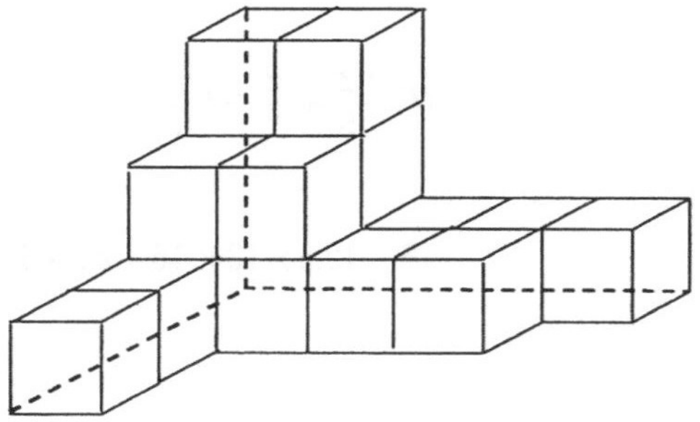

8　図1のような容器があります。図2のようにこの容器に水を入れた後，ふたをして逆さまにすると，図3のようになりました。円柱部分の底面積が 40 cm^2のとき，次の問いに答えなさい。

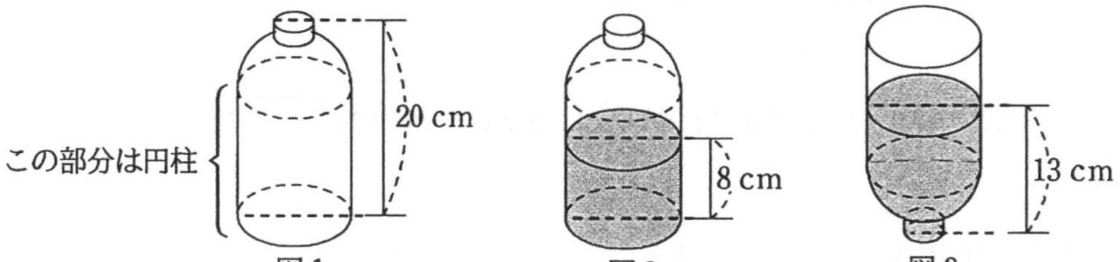

図1　　図2　　図3

(1)　図2において，容器に入れた水の体積を求めなさい。

(2)　容器の体積を求めなさい。

9　下の図の斜《しゃ》線部分の面積を求めなさい。

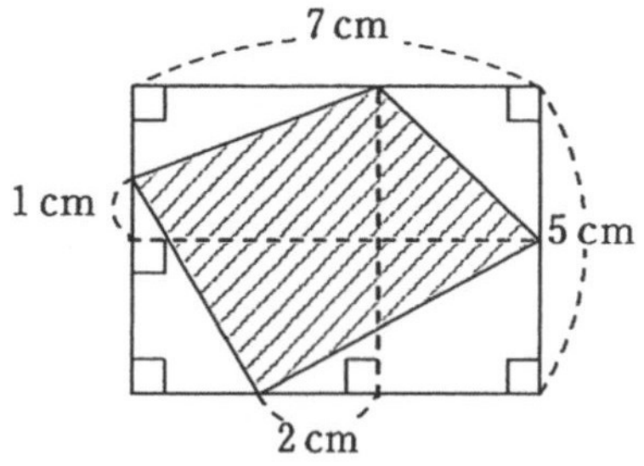

3　英文と質問を聞き、その答えとして最も適切なものを①～④の中から１つ選び、番号で答えなさい。英文と質問はそれぞれ２回読まれます。

1. ① Sally
② John
③ Tomorrow
④ His new pet

2. ① The violin
② The piano
③ The trumpet
④ The drums

3. ① He will go to watch a soccer game.
② He will visit his brother.
③ He will play soccer with his mother.
④ He will go shopping.

4. ① Peaches
② Apples
③ Bananas
④ Strawberries

4　対話とそのあとの質問を聞き、答えとして最も適切なものを①～④の中から１つ選び、番号で答えなさい。対話と質問はそれぞれ２回読まれます。

1. ① She finished all her homework.
② She finished her math homework.
③ She didn't finish anything.
④ She finished her science report.

2. ① She usually goes by train.
② She usually goes by train and bicycle.
③ She usually goes by train and runs.
④ She usually runs.

5　下のグラフは学校の勉強科目についてのアンケート結果です。まずグラフをよく見てください。(20秒)
今から英語の説明を聞いて、次の2つの質問の答えとして最も適切なものを①～④の中から1つ選び、番号で答えなさい。英文は2回読まれます。
（1回目と2回目の間に20秒の間があります。）

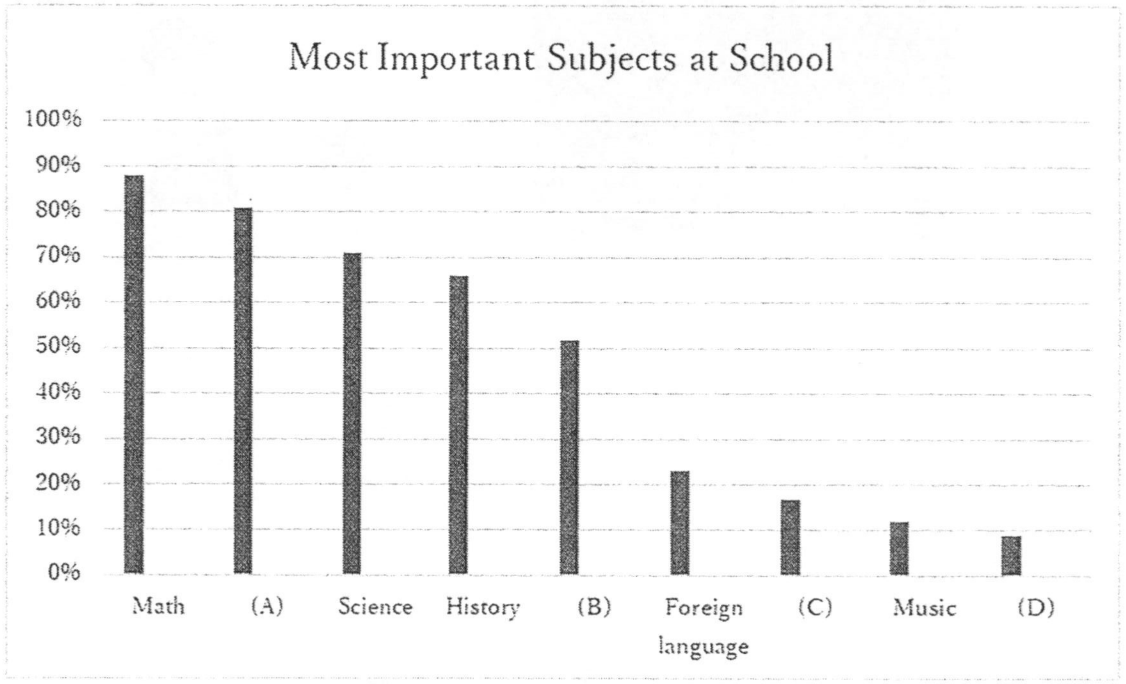

1. Choose the correct answer for (A) and (B).
① (A) English　　(B) PE
② (A) PE　　(B) Music
③ (A) English　　(B) Computers
④ (A) Art　　(B) Computers

2. What percentage (%) of students said that PE was important?
① 81%
② 52%
③ 18%
④ 9%

<これで、リスニングテストを終わります。ひきつづき、あとの問題を解いてください。>

9　次の英文を読んで、あとの質問の答えとして最も適切なものを①～③の中から１つ選び、番号で答えなさい。

1. Some people use me when the weather is bad. Their feet don't get wet. People wear two of me on rainy days. What am I?

①

②
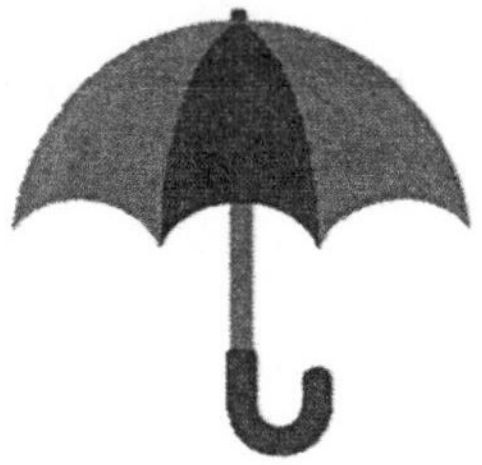

③

2. My job is usually in the morning. I make a *loud sound, so many people don't like me. Some people use me to wake up. What am I?

*loud:(音量が)大きい

①

②

③

10　次のチラシ(a leaflet)に書いてある情報について、あとの質問の答えとして最も適切なものを①～④の中から１つ選び、番号で答えなさい。

Welcome to *'The Aquamarine'*

Opening hours: 10:00 a.m.～5:00 p.m.

Dolphin Show

Day: Every Day
Time: 1. 11:00 a.m.～
2. 12:30 p.m.～
3. 3:00 p.m.～

We have an amazing dolphin show three times a day. The dolphins will show you great tricks!

Kingdom Of Ice

Day: Saturdays & Sundays
Time: 1. 10:30 a.m.～
2. 12:00 p.m.～
3. 4:00 p.m.～

We have many kinds of penguins. You can enjoy giving them food and touching them.

*Entrance fee	Adult: $ 20	Student(*age13-15): $ 15	Child(age3-12): $ 10

★ You can get a ticket online, too! Please visit www.aquamarine/ticket.com.

*entrance fee:入場料　*age:年れい

1. Mr. Tanaka will visit 'The Aquamarine' with his two children. One is 13 years old and the other is 8 years old. How much is it?
① $ 40
② $ 45
③ $ 50
④ $ 55

2. Which is true?
① You can touch penguins on the weekend.
② You cannot buy a ticket online.
③ The first dolphin show starts at 10:30 a.m.
④ 'The Aquamarine' is open at night.

9　次の英文を読んで、あとの質問の答えとして最も適切なものを①～③の中から１つ選び、番号で答えなさい。

1. Some people use me when the weather is bad. Their feet don't get wet. People wear two of me on rainy days. What am I?

①

②
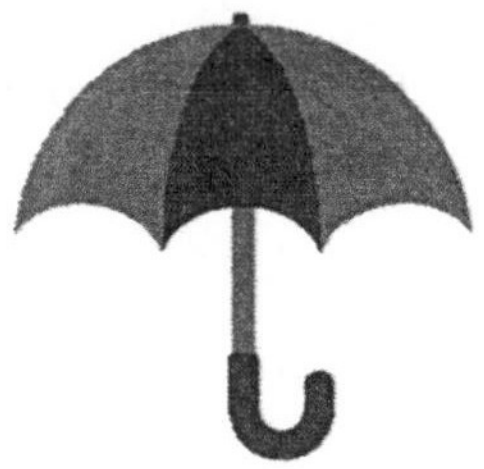

③

2. My job is usually in the morning. I make a *loud sound, so many people don't like me. Some people use me to wake up. What am I?

*loud:(音量が)大きい

①

②

③

10　次のチラシ(a leaflet)に書いてある情報について、あとの質問の答えとして最も適切なものを①～④の中から１つ選び、番号で答えなさい。

Welcome to *'The Aquamarine'*

Opening hours: 10:00 a.m.～5:00 p.m.

Dolphin Show

Day: Every Day
Time: 1. 11:00 a.m.～
2. 12:30 p.m.～
3. 3:00 p.m.～

We have an amazing dolphin show three times a day. The dolphins will show you great tricks!

Kingdom Of Ice

Day: Saturdays & Sundays
Time: 1. 10:30 a.m.～
2. 12:00 p.m.～
3. 4:00 p.m.～

We have many kinds of penguins. You can enjoy giving them food and touching them.

*Entrance fee	Adult: $ 20	Student(*age13-15): $ 15	Child(age3-12): $ 10

★ You can get a ticket online, too! Please visit www.aquamarine/ticket.com.

*entrance fee:入場料　*age:年れい

1. Mr. Tanaka will visit 'The Aquamarine' with his two children. One is 13 years old and the other is 8 years old. How much is it?
① $ 40
② $ 45
③ $ 50
④ $ 55

2. Which is true?
① You can touch penguins on the weekend.
② You cannot buy a ticket online.
③ The first dolphin show starts at 10:30 a.m.
④ 'The Aquamarine' is open at night.

11　次の英文を読んで、あとの質問に答えなさい。

It was 2013. *Trisha was 13 years old. She lived in America. One day she came home from school. She read a news story. It was about an 11-year-old girl. The girl died because she was *bullied on the Internet.

"I was surprised and felt [　　]," says Trisha. "I have to do something to stop this." Trisha was also bullied online before.

Online *bullying is a big problem. About 40% of children are bullied online. About 70 % of students often see online bullying.

Later Trisha made a *software: ReThink. It checks SNS messages and looks for bad words. It gives the writers a chance to think again before (1) <u>they</u> send a message.

If you try to send bad words, ReThink says, "Let's change these words into good ones." Or it asks, "Do you really want to send this bad message?"

ReThink is not perfect because it cannot find every bad word. However, it often gives *teens (2) <u>a second chance</u>. Many of them change their minds before sending bad messages. 93 % of teens change them.

Trisha hopes that people will use ReThink all over the world. She has plans to make the program in other languages.

"I want to stop all the online bullying," she says.

<語注>
*Trisha　トリーシャ　　*bullied　いじめられて　　*bullying　いじめ
*software　ソフトウェア（アプリ）　　*teen　十代の子ども

問1　本文の[　　]に入る最も適切なものを①～④の中から1つ選び、番号で答えなさい。
① great
② happy
③ busy
④ angry

問2　下線部(1) <u>they</u> が表すものを①～④の中から1つ選び、番号で答えなさい。

① ReThink　② messages　③ bad words　④ the writers

問3　下線部(2) <u>a second chance</u> を表す最も適切なものを①～④の中から1つ選び、番号で答えなさい。
① アプリをよりよくする機会
② 2つのメッセージを送る機会
③ メッセージを送ってよいか考え直す機会
④ 10代の子どもたちにメッセージを送る機会

問4　本文の内容に照らして、次の下線部に入れるのに最も適切なものを①～④の中から1つ選び、番号で答えなさい。
Trisha made ReThink ______________________.
① to stop online bullying
② to write bad words
③ to send good messages
④ to teach people about bullying

12　次の英文を読んで、あとの質問に答えなさい。

"Kuro! Kuro!" Mr. and Mrs. Sato called. Their dog Kuro wasn't back home. Mr. and Mrs. Sato lived on Kita *Island.

In the evening, Mr. and Mrs. Sato heard a noise at the front door. It was Kuro. He was very *wet and was *shivering.

A few days later Kuro went away again. He went out in the morning, and he came back late at night. When he came back, he was wet and shivering.

Mr. Sato thought, "Where does Kuro [　　　]?"

One morning, Mr. Sato *followed Kuro. Kuro walked to the beach. He ran into the water and began to swim. Mr. Sato jumped into his boat and followed. Kuro swam for three kilometers. When Kuro was tired, he climbed onto a rock and *rested.

Kuro swam for three hours and arrived at Minami Island. He walked onto the beach. Mr. Sato followed him. Kuro walked to a house. A dog was waiting in front of the house. Kuro ran to the dog, and the two dogs began to play. The dog's name was Coco. Coco was Kuro's girlfriend.

Kuro and the Sato family lived on Minami Island before. Last summer they moved to Kita Island. So, Kuro lived with the Sato family on Kita Island and swam to Minami Island to visit Coco.

＜語注＞

*Island(island)　島　　*wet　ぬれて　　*shiver　ふるえる

*follow~　～の後をつける　　*rest　休む

問1　本文の内容に照らして、次の下線部に入れるのに最も適切なものを①～④の中から１つ選び、番号で答えなさい。

1. Mr. and Mrs. Sato called "Kuro! Kuro!" ______________________

① because they lived on an island.

② because Kuro wasn't at home.

③ because Kuro walked to the beach.

④ because they saw Kuro in the sea.

2. Kuro swam from Kita Island to Minami Island ______________________

① to be a faster dog.

② to enjoy the two islands.

③ to go back to the Sato family.

④ to see Kuro's girlfriend Coco.

問2　本文の [　　　] に入る最も適切なものを①～④の中から１つ選び、番号で答えなさい。

① climb

② eat

③ go

④ live

問3　本文の内容に一致するものを①～④の中から１つ選び、番号で答えなさい。

① Kuro went out late at night and came back early in the morning.

② Mr. and Mrs. Sato followed Kuro, but they lost him.

③ Mr. Sato swam with Kuro to Minami Island.

④ Kuro lived on Minami Island before.

(45分)

1　次の問1～5に答えなさい。

問1．次の問(1)～(5)に答えなさい。

(1) 下の表は、ある日の給食のこん立表です。下の文章は、米・じゃがいも・大豆が、人が生きるためのエネルギーになるまでについて述べたものです。(　ア　)～(　ウ　)にあてはまる語を答えなさい。

『これらの食物は、収かくされるまでに(　ア　)を行うことで(　イ　)をつくり、たくわえている。
(　イ　)は私たちの体内で、だ液などの(　ウ　)によって養分に変化する。この養分が、私たちが生きるためのエネルギーになる。』

こん立表

メニュー	エネルギーになるもの	からだをつくるもの	からだの調子をととのえるもの
サバのみそ煮《に》 ポテトサラダ コーンスープ ご飯 牛乳	米・じゃがいも・大豆	①鶏卵《けいらん》・②牛乳・③サバ	④トウモロコシ・玉ねぎ・キュウリ

(2) 下図は、生物どうしの「食べる・食べられる」の関係を模式的に示したものです。このような関係を何といいますか。矢印は、食べられる生物から食べる生物に向かってのびています。

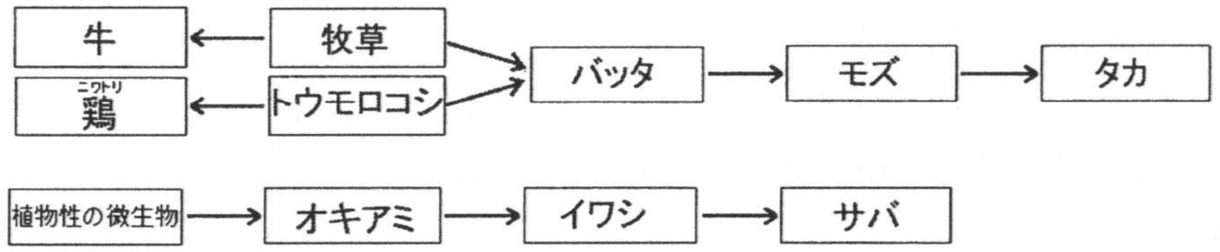

(3) (1)のこん立表の食物は、(2)の模式図の生物から得られるものとします。(2)の模式図でモズの数が減少した場合、(1)のこん立表の下線部①～④の中で入手が難しくなる可能性があるものをすべて選び記号で答えなさい。

(4) 次のア～オの記述で、誤りをふくむものを2つ選び記号で答えなさい。

ア．人の受精卵よりも、メダカの卵の方が大きい。これは、メダカは親から養分をもらうことがない分、卵の中に養分がたくわえられているからである。

イ．人はかん臓で養分をたくわえることができ、必要なときにたくわえていた養分をとりだして利用することができる。

ウ．呼吸ができなくなった人に自分のはいた息を送りこむことを人工呼吸という。はいた空気にふくまれるのは二酸化炭素のみであるが、人工呼吸の効果はある。

エ．サクラは、1つの花の中におしべとめしべがある。一方、ツルレイシ(ゴーヤ)は、おばなの中におしべ、めばなの中にめしべがある。

オ．こん虫のあしは6本あり、胸部に4本、腹部に2本ついている。

(5) アサガオの花を用いて下のⒶとⒷの実験を行った後、数週間観察を続け、結果を比かくしました。この実験は何を調べる実験ですか。次のア～オから1つ選び記号で答えなさい。

ア．おしべとめしべのどちらで花粉がつくられるのかを調べる実験

イ．風や虫によって花粉が運ばれて受粉することを調べる実験

ウ．花びらからも蒸散が行われるのかを調べる実験

エ．種子ができるためには花粉が必要であることを調べる実験

オ．種子ができるためにはおしべが必要であることを調べる実験

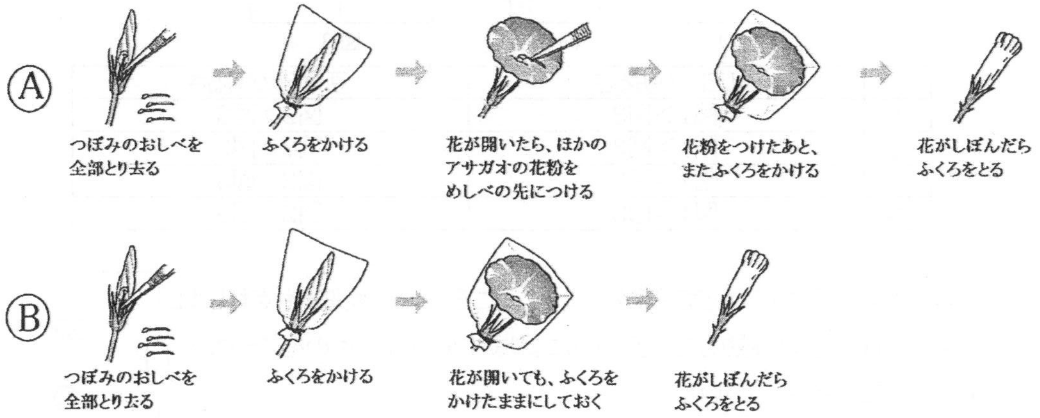

問2．次の問(1)～(5)に答えなさい。

(1) 図1のように針金をまっすぐにし、中央を糸で結んでつるしたところ、つり合って針金は水平になりました。次に図2のように、この針金の右半分を折り曲げてつるすとどうなりますか。正しいものをア～ウから1つ選び記号で答えなさい。

ア．左が下がる　　イ．右が下がる　　ウ．水平のまま

図1　　図2

(2) 糸の長さ、おもりの重さが同じふり子を用意します。一方のふり子はくぎに引っかかるようにしてあります。図のように2つのふり子を同じ高さからつるし、同じ高さまで引き上げてから手を放したとき、元の位置にもどるまでの時間はどうなりますか。正しいものをア～エから1つ選び記号で答えなさい。

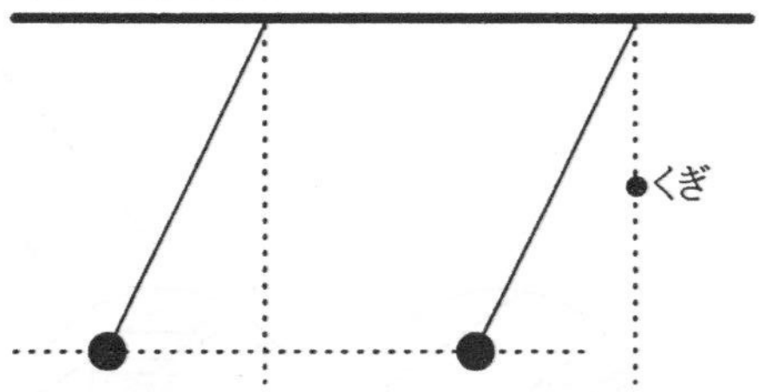

ア．左の方が短い　イ．右の方が短い　ウ．同じ

エ．糸の長さ、おもりの重さ、手を放す位置によって結果が異なる。

(3) LED（発光ダイオード）、豆電球、電池を1個ずつ用意します。以下の(ｉ)、(ⅱ)に答えなさい。

(ｉ) それらを用いて図1～3のようにつないだところ、どの図の場合もLEDと豆電球は点灯しました。図1と図3のLED、図2と図3の豆電球の明るさを比べるとどうなりますか。正しいものをア～エから1つ選び記号で答えなさい。不等号（＞）や等号（＝）は明るさを表しています。

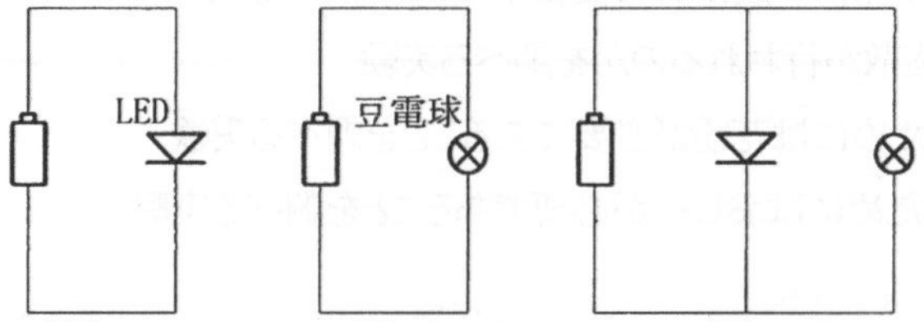

図1　図2　図3

	LEDの明るさ	豆電球の明るさ
ア	図1＞図3	図2＞図3
イ	図1＞図3	図2＝図3
ウ	図1＝図3	図2＞図3
エ	図1＝図3	図2＝図3

(ⅱ) さらに図4のようにLEDと豆電球をつないだところLEDも豆電球も点灯しました。図3と図4で電池の減り方は、どのようになりますか。正しいものをア～ウから1つ選び記号で答えなさい。

ア．図3の方が早い　イ．図4の方が早い　ウ．同じ

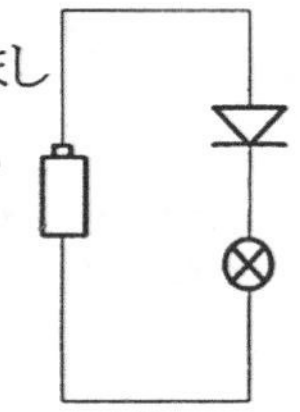

図4

(4) 図のように自動車が右折するために右のウィンカー（方向指示器）を点滅させながら交差点に進入してきています。それをPさんがカーブミラーで観察しています。Pさんからはカーブミラーの中の自動車はどのように見えますか。ア～エから1つ選び記号で答えなさい。

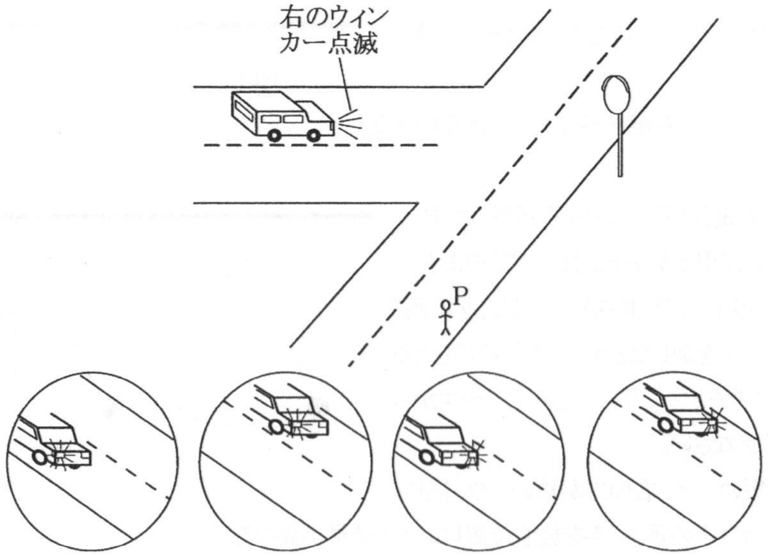

ア　イ　ウ　エ

(5) 図のように机面の上に実験装置が置かれています。図は実験装置を真上から見たものです。鉄のくぎにエナメル線を巻き付けて電磁石をつくり、電池をつないで電流を流したところ、Aの位置に置いた方位磁針は図の向きを指しました（黒くぬりつぶした方がN極）。誤っているものをア～エから1つ選び記号で答えなさい。

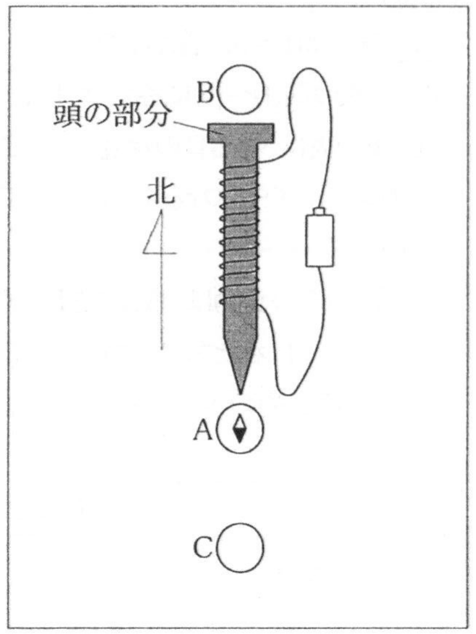

ア．図のBの位置に方位磁針を置くと、Aの位置に置いた方位磁針と同じ向きを指す。

イ．図のCの位置に方位磁針を置いたとき、どちらを指すかは置いてみないと分からない。

ウ．図の状態から電池の＋極と－極を反対にするために、まず電池を取り外した。するとAの位置に置いた方位磁針は反対を向いた。その後、電池を取り付けても磁針の指す向きはそのままだった。

エ．鉄のくぎの頭の部分はN極になっている。

問3．次の問(1)～(3)に答えなさい。

(1) 下のグラフは10℃の水を冷やしていったときの温度変化を示したものです。グラフ中の（　）に当てはまる数字を答えなさい。

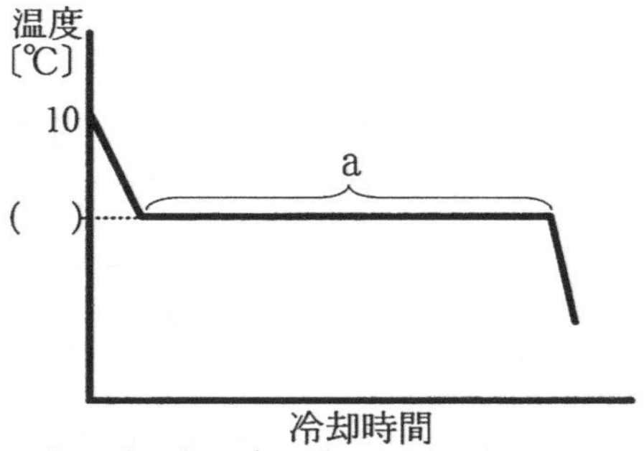

(2) 水が氷になるとき、その重さと体積はそれぞれどうなりますか。（Ａ）、（Ｂ）に当てはまる語の組み合わせとして適当なものをア～カから1つ選び記号で答えなさい。

重さは（Ａ）、体積は（Ｂ）。

ア．Ａ　軽くなり　Ｂ　小さくなる　　イ．Ａ　軽くなり　Ｂ　大きくなる

ウ．Ａ　変化せず　Ｂ　小さくなる　　エ．Ａ　変化せず　Ｂ　大きくなる

オ．Ａ　重くなり　Ｂ　小さくなる　　カ．Ａ　重くなり　Ｂ　大きくなる

(3) グラフ中のaの部分では、水はどのような状態になっていますか。次のア～ウから1つ選び記号で答えなさい。

ア．固体　イ．液体　ウ．固体と液体が混じった状態

問4. 実験1～実験3を行った。次の問(1)～(3)に答えなさい。

＜実験1＞

目的;ものが水にとける量には限りがあるかを調べる。

操作A;① 水 50mL をメスシリンダーではかり取り、ビーカーに入れる。

② ①ではかり取った水に、5g の食塩を加え、かきまぜる。

③ とけたらさらに食塩 5gを加え、とけるか調べ、とけ残るまでくり返す。

操作Ｂ;操作Aの食塩をミョウバンに変え同じ操作をして調べる。

結果;

加えた重さ(g)の合計	5	10	15	20
食塩	○	○	○	×
ミョウバン	○	×		

○;とけた　×;とけ残った

＜実験2＞

目的;食塩やミョウバンのとける量は、とかす水の量に関係があるかを調べる。

操作;水の量を増やして、実験1と同じ操作を行う。水の量以外の条件は変えない。

結果;

加えた重さ(g)の合計	5	10	15	20	25	30	35	40
食塩	○	○	○	○	○	○	○	×
ミョウバン	○	○	×					

○;とけた　×;とけ残った

＜実験3＞

目的;食塩やミョウバンのとける量は、とかす水の温度に関係があるかを調べる。

操作;水の温度を上げて、実験1と同じ操作を行う。水の温度以外の条件は変えない。

結果;

加えた重さ(g)の合計	5	10	15	20
食塩	○	○	○	×
ミョウバン	○	○	○	×

○;とけた　×;とけ残った

(1) この実験からではわからないことを次のア～オから1つ選び記号で答えなさい。

ア. 食塩やミョウバンが決まった量の水にとける量には限りがある。

イ. 食塩とミョウバンでは、決まった量の水にとかすことのできる量はちがう。

ウ. 水よう液を熱して水を蒸発させると、とけている食塩やミョウバンが出てくる。

エ. 水の量を増やすと、食塩やミョウバンの水にとける量は増える。

オ. 水にとかすことのできる量は、ミョウバンは温度によって変化するが、食塩は変化するかどうか判断できない。

(2) 結しょうをつくるのに水よう液の温度を下げる方法が適していると考えられるのは食塩とミョウバンのどちらですか。

(3) インターネットで 20℃の水 100mL にとかすことのできるミョウバンの量を調べたら 11.4g でした。20℃の水 100mL に、ミョウバン 20g を入れてかき混ぜたらとけ残ってビーカーの底にたまったので、ろ過しました。ろ紙上に残ったミョウバンをかんそうさせたら重さは何gになりますか。下のア～オから1つ選び記号で答えなさい。

ア. 120g　イ. 20g　ウ. 111.4g　エ. 11.4g　オ. 8.6g

問5. 次の問(1)～(6)に答えなさい。

(1) 運動場で太陽の位置を、下の①～③のように調べた結果、図のようになりました。

①方位磁針を使って東西南北を調べ、下の図のように ac、bd の方位を表す線を地面にかく。

②午前 10 時ごろ、引いた線の交わるところに立ち、太陽の位置を示す矢印を地面にかく。

③午前 12 時ごろ、午後 2 時ごろにも②と同じようにする。

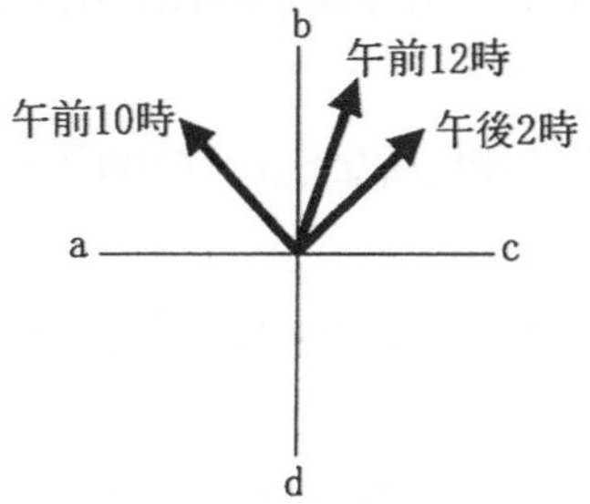

この結果から太陽の位置は（ a ）から（ b ）の空を通って、（ c ）に移動する事がわかりました。a、b、c に当てはまる方位を答えなさい。ただし（ a ）（ b ）（ c ）は図中の a、b、c と同じ方位です。

(2) ジッパーつきのかわいたふくろに冷えた保冷ざいを入れ、ふくろの外側に水ができるか調べました。すると教室でも階段でもろうかでも表面に水がつきました。この結果から空気中には水蒸気がふくまれているということがわかりました。このように空気中の水蒸気が冷たいものにふれて、表面で水になることを何といいますか。

(3) 雨がふったあと、土の運動場にはしばらく水たまりができていましたが、砂場には水たまりができませんでした。その理由を「土のつぶ」「砂のつぶ」という言葉を使って、40 字以内で説明しなさい。

(4) 夏休みの自由研究で台風が近づいたときの気象情報と天気の変化の関係を調べました。テレビやインターネットで、3日間の気象情報を集め、天気の変化を記録すると以下のようなことがわかりました。各問いに答えなさい。

・台風が近づくと$_{\text{A}}$多くの雨がふったり風が強くなったりした。

・気象庁から$_{\text{B}}$大雨警報が発表された。

・台風は日本の（ a ）で発生し、はじめ西に進み、しだいに（ b ）の方へ動いた。

・台風の（ c ）とよばれる中心が通過するときは、雲はほとんど無く雨風は弱くなるが、それが過ぎると、また風は強くなり雨が降り始めた。また、台風が過ぎ去ると雨や風はおさまり、おだやかに晴れた。

（ i ）下線部Aの、ふった雨を水資源としてたくわえる場所をなんといいますか。

（ ii ）下線部Bの「大雨警報」は、内閣府の「ひ難情報に関するガイドライン」では5段階の警かいレベル3にあたります。この時の住民の行動で適当なものを次のア～オから1つ選び記号で答えなさい。

ア. 災害発生の危険性はまだ低い段階だが災害への心構えを高める。

イ. 自治体からのひ難情報に注意し、ひ難に時間がかかる高れいの方や障害のある方などは危険な場所から安全な場所へひ難する。

ウ. 自治体からのひ難指示の情報に注意し、危険な場所からひ難場所など安全な場所へひ難する。

エ. 何らかの災害がすでに発生している可能性が高い状きょうなので、ただちに安全な場所で命を守る行動をとる。

オ. 災害発生に対する注意が高まっているのでひ難に備え、自分のひ難行動を確認する。

（iii）（ a ）、（ b ）の組み合わせで最も適当だと考えられるものを次のア～エから1つ選び、記号で答えなさい。

	a	b
ア	西の陸の上	南西
イ	西の陸の上	北東
ウ	南の海の上	北東
エ	南の海の上	南西

（iv）（ c ）にあてはまる語を答えなさい。

2　次の問題 A 、 B に答えなさい。

A ：あかねさんは、福岡市が発行している「グラフで見る福岡市」の中にあった、貿易に関する資料をつかいながら、発表しました。

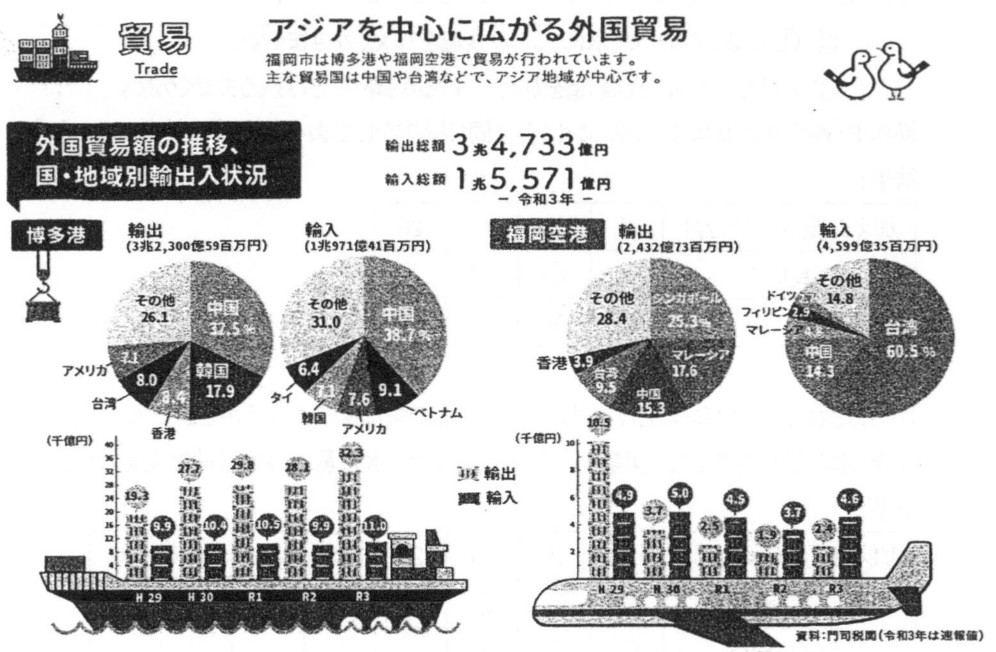

これを見て、博多港と福岡空港をあわせた輸出総額と輸入総額をくらべてみると、輸出総額の方が約 あ 兆円多いことがわかります。また、博多港と福岡空港のそれぞれの輸出入総額をくらべると、博多港は福岡空港の約 い 倍もあるということがわかります。航空機で貨物を運ぶというのが不思議だったので、どんなものを運んでいるのか調べてみると、半導体などコンピュータの部品が多いことがわかりました。そこで、その理由を考えるために、船で輸送することと航空機で輸送することのそれぞれの特色をまとめてみました。次の表をみてください。表の中の○は優れていることを、×はおとっていることを表しています。

【表1】

	大量輸送ができる	①	②	③
船	○	○	×	○
航空機	×	×	○	○

半導体は、大きさは［う］て、［え］わりに値だんが［お］ので、輸送費がかかっても飛行機で運ぶことができるのだと言えます。

船や航空機よりも身近な交通機関に鉄道があります。九州では、昨年、佐賀県の武雄温泉駅と［か］駅との間に西九州新幹線が開通しました。博多駅からは乗換えが必要ですが、［か］までの時間が３０分ほど短縮されました。そのかわりに、有明海沿岸を特急列車が走らなくなったので、特急「かもめ」の車窓から［き］をながめることができなくなったのは残念です。

問１．文中の［あ］と［い］にあてはまる数字としてふさわしいものを、次からそれぞれ選び、答えなさい。

２　　４　　６　　８　　１０

問２．【表１】の①～③にあてはまる説明を、次のア～ウからそれぞれ選び、記号で答えなさい。

ア．短時間で輸送できる

イ．長距離輸送に適している

ウ．運ぶ量の割に費用が安い

問３．文中の［う］～［お］にあてはまることばを次のア～カからそれぞれ選び、記号で答えなさい。

ア．安い　　イ．大きく　　ウ．重い

エ．軽い　　オ．小さく　　カ．高い

問４．文中の［か］にあてはまる地名と、その地図上のＸ・Ｙの位置との組み合わせとして正しいものを、次のア～エから１つ選び、記号で答えなさい。

ア．佐世保－Ｘ　　イ．佐世保－Ｙ　　ウ．長崎－Ｘ　　エ．長崎－Ｙ

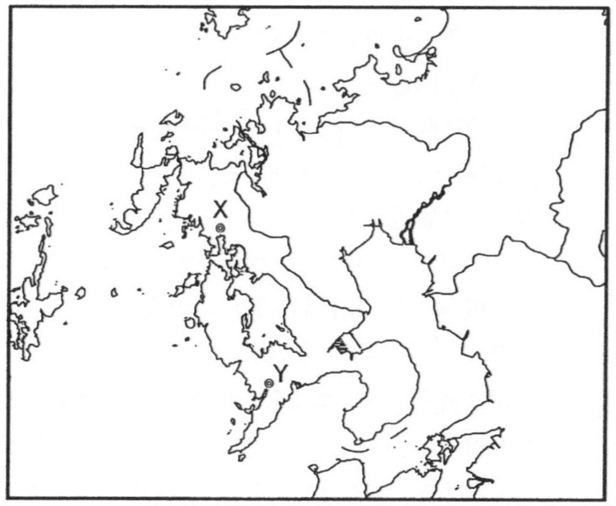

問５．文中の［き］にあてはまることばとして最も適当なものを、次のア～ウから１つ選び、記号で答えなさい。

ア．たくさんの小島が広がるようす

イ．白い砂浜と松原が広がるようす

ウ．干潮時に干潟が広がるようす

［B］：さくらさんとゆりこさんが、近現代の日本に関する年表を見ながら話しています。二人の会話を読んで、下の問いに答えなさい。

年号	主なできごと
1868	新政府が年号を明治に改元する。
1889	①大日本帝国憲法が制定される。
1905	日露戦争に勝利し、［ I ］条約を結ぶ。
1911	②不平等条約の改正を達成する。
1933	国際連盟を脱退する。
1941	ハワイの真珠湾を攻撃し、太平洋戦争が始まる。
1945	太平洋戦争（第二次世界大戦）に敗戦。
1951	［ II ］平和条約が結ばれ、主権を回復する。
1955	③高度経済成長とよばれる日本の経済成長が始まる。
1973	石油危機（オイル・ショック）がおこり、高度経済成長が終わる。
1995	④兵庫県南部の淡路島を震源《しんげん》とする阪神・淡路大震災がおこる。
2021	延期《えんき》されていた東京オリンピックが開催される。
2022	8 月 15 日、戦後【　X　】年の全国戦没者追悼《ついとう》式が行われる。

さくら：　ゆりこさん、見てみて。1868 年からの日本の歴史が年表になっているよ。

ゆりこ：　本当だね。歴史はくり返すというし、自分たちの国の歴史を知るのはわたしたちにとって必要なことだよね。

さくら：　年表では、1945 という年号に二重線が引いてあるけど、どういうことだろう？

ゆりこ：　昨年（2022 年）で、1945 年の敗戦から【　X　】年たったんだね。それで、年表をみて考えていたんだけど、わたしは 1945 年というのは、日本にとって重要な節目の年だと思うんだ。

さくら：　1945 年は広島や長崎に世界で初めて原子爆弾が投下されて、日本が敗戦した年だし、当然わたしたちが忘れてはいけない年だよね。

ゆりこ：　そうだね。だけど 1945 年というのは、実は 1868 年に明治時代が始まってから【　X　】年でもあるんだよ。明治初期に、新政府によって進められた社会の一連の改革のことを［ a ］というね。

さくら：　「明治時代が始まってから敗戦まで（1868-1945）」と、「敗戦から現代まで（1945-2022）」は、同じ【　X　】年間がたっているということなんだね。

ゆりこ：　どちらも同じ年数がたっているけれど、それぞれの間に日本のあり方や人々の生活がどう変わったか、歴史を学んで考えていかないといけないね。

さくら：　これからの世界を生きていくために、日本や外国の歴史をもっと知りたいな。

問6．年表中［ I ］、［ II ］に適する語を、次のア～エからそれぞれ選び、記号で答えなさい。

ア．ポーツマス　　イ．下関　　ウ．ベルサイユ　　エ．サンフランシスコ

問7．会話文中［ a ］に適する語を、漢字四字で答えなさい。

問8．年表中【　X　】に適する数字を答えなさい。なお、会話文中の【　X　】にも同じ数字が入ります。

問9．年表中下線部①について、大日本帝国憲法について述べた次の文章中①～③の（　）の中から適する語をそれぞれ選び、記号で答えなさい。

> ヨーロッパに渡った（①　ア．西郷隆盛　　イ．伊藤博文）は、君主の力の強い（②　ア．フランス　　イ．ドイツ）の憲法を学んで帰国し、憲法の草案づくりを行いました。この憲法は、1889 年に天皇が国民に与えるという形で発布され、主権は（③　ア．天皇　　イ．国民）にありました。

問１０．年表中下線部②について、このとき日本は、輸入する品物にかける関税率を任意に定める権利を回復させることに成功しました。この権利を何といいますか。

問１１．年表中下線部③について、高度経済成長とよばれる戦後の日本の発展の中で、「三種の神器」といわれた家電製品が家庭に普及しました。「三種の神器」として、ふさわしくないものを次のア～エから１つ選び、記号で答えなさい。

ア．冷蔵庫　　イ．白黒テレビ　　ウ．掃除機《そうじき》　　エ．洗濯機

問１２．年表中下線部④について、現在兵庫県神戸市にある神戸港の起源となったのは、平安時代に整備された大輪田泊という港です。この港を整備し、娘を天皇のきさきにするなどして権力を強め、武士として初めて太政大臣となった人物は誰か、答えなさい。

3 家庭科の授業中に先生と生徒たちが会話をしています。この会話を読んで下の問いに答えなさい。

先生　「みなさん、今日の朝ごはんは何を食べてきましたか？」
生徒A　「私は、①食パンと牛乳、スクランブルエッグ、いちごを食べました。」
生徒B　「私は、昨日の夕ご飯の残りだった②カレーライスを食べてきました。」
生徒C　「僕は、③ごはんととうふのみそ汁、焼き魚とほうれん草のおひたし、卵焼きも食べたよ。」
先生　「みなさん、④しっかり朝ごはんを食べてきましたね。Cさんは何のお魚を食べたのかな。」
生徒C　「たしか、サケだったと思います。ノルウェー産の⑤養殖《ようしょく》って書いてあったのを見ました。」
先生　「そうですか。わたしたちは世界中や日本各地から届けられる食品を、身近なところで手に入れることができますね。トラックや飛行機、船などの手段を使って生産地から消費地に多くの食料を運んでいますが、みなさんフード・マイレージということばを知っていますか。」
生徒A　「はじめて聞くことばです。」
先生　「フード・マイレージとは、食料の輸送量（t）×輸送の距離《きょり》（km）で表される数値をいいます。たくさんの食料を長い距離輸送すると、輸送のためにエネルギーを大量に消費して二酸化炭素を排出するなど、環境《かんきょう》へ悪いえいきょうを与えてしまうことになります。図1を見てください。日本は、世界の中で最もフード・マイレージが大きい国なのです。」

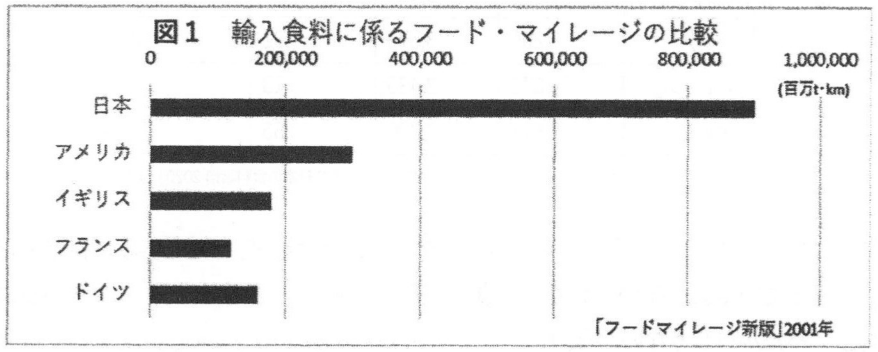

生徒B　「本当だ。日本はアメリカの約（　⑥　）倍もあります。」
先生　「そうなんです。なぜ日本はフード・マイレージが他の国よりも大きいのでしょうか。」
生徒A　「日本の食料自給率とも関係があるのかな。」

問1．下線部①のAさんが食べた朝ごはんのなかで、炭水化物を多く含む食べ物はどれですか。次のア～エから1つ選び、記号で答えなさい。

ア．食パン　　イ．牛乳　　ウ．スクランブルエッグ　　エ．いちご

問2．私たちの健康の維持《いじ》・増進などの点から、望ましい体格を維持するためのエネルギーや栄養素の摂取《せっしゅ》量（日本人の食事摂取基準《きじゅん》）が定められています。下線部②について、Bさんが食べたカレーライスに含まれる炭水化物の量は、1食あたりの食事摂取基準の何%ですか。計算して上から2桁《けた》のがい数で答えなさい。

エネルギー・栄養素	1食あたりの食事摂取基準	カレーライスに含まれている摂取量
エネルギー（kcal）	800	541
たんぱく質（g）	18	8.7
カルシウム（mg）	267	160.0
脂質（g）	22	10.6
炭水化物（g）	120	100.0

厚生労働省　日本人の栄養摂取基準（2020年版）12～14歳より

問3．下線部③のCさんが食べた朝ごはんは、無機質が不足しています。無機質を補うにはどのような食べものをとるとよいですか。次のア～オから2つ選び、記号で答えなさい。

ア．りんご　　イ．チーズ　　ウ．じゃがいも　　エ．わかめ　　オ．とり肉

問4．下線部④について、朝食をとることは私たちの健康においてどのような意味をもちますか。次の2つのグラフから朝食と体温、学力調査の関係について、以下の文章が正しい説明になるよう（　）の中から正しい語をそれぞれ選び、記号で答えなさい。

朝食と体温の関係

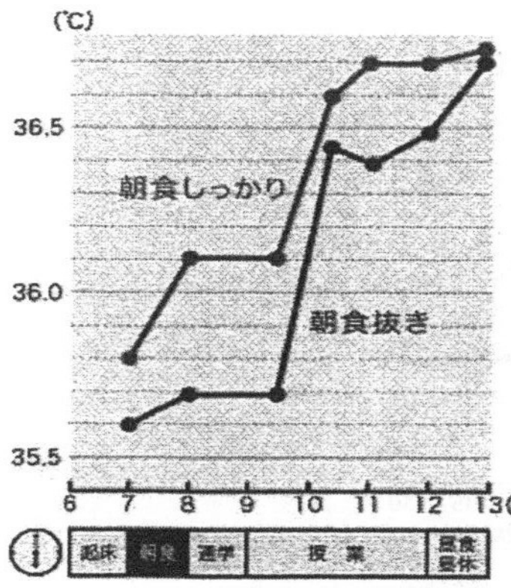

出典：鈴木正成 食の科学No.157

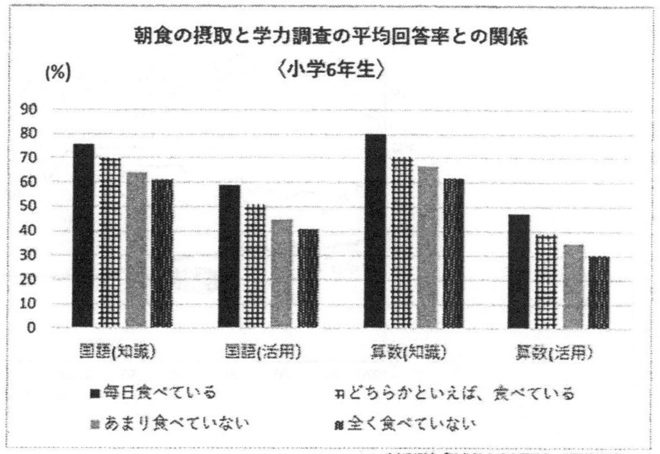

文部科学省「平成29年度全国学力・学習状況調査」

（1）（ア．朝食を抜く　イ．朝食を食べる）と消化管が動き出し、ねている間に低下した体温が上がり、脳や体が目覚めて活発に働くことで集中力が増し、学力を上げることができる。
（2）朝食を（ア．毎日食べている　　イ．あまり食べていない）方が回答率も高くなる。
（3）朝食をぬいて登校すると、学習や運動するためのエネルギーが補じゅうされず、（ア．午前中　　イ．午後）からつかれやすいなどの症状《しょうじょう》が出やすくなるため、朝食をとることは大切である。

問5．右の円グラフは、日本の輸入水産物の内訳を表したものです。
下線部⑤について、世界では「育てる漁業」において自然破壊《はかい》が問題になっています。エビの養殖場を広げるための海岸沿いの森林伐採《ばっさい》に関して、この伐採された森林としてふさわしいものを次のア～エから１つ選び、記号で答えなさい。

日本のおもな輸入水産物

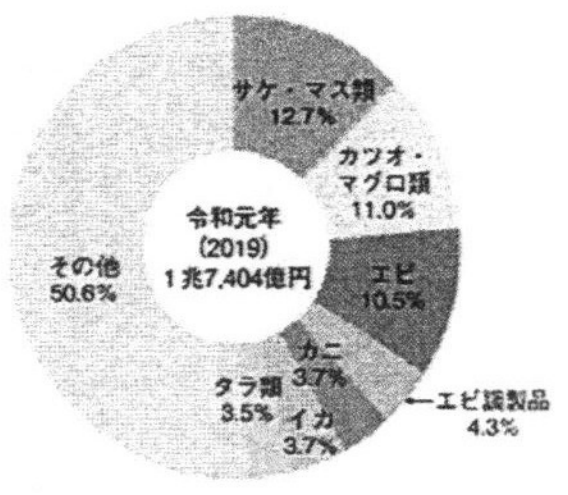

財務省「貿易統計」に基づく2019年度水産庁資料

ア．ブナの原生林　　　イ．ラインハルトの森
ウ．マングローブの森　エ．マルール国有林

問6．空らん（ ⑥ ）にあてはまる数字を次のア～エから１つ選び、記号で答えなさい。
ア．２　　イ．３　　ウ．４　　エ．５

先生　「では、食料自給率について考えてみましょう。図２を見てください。2019年の日本の食料自給率は何％ですか。」

図２　日本と諸外国の食料自給率

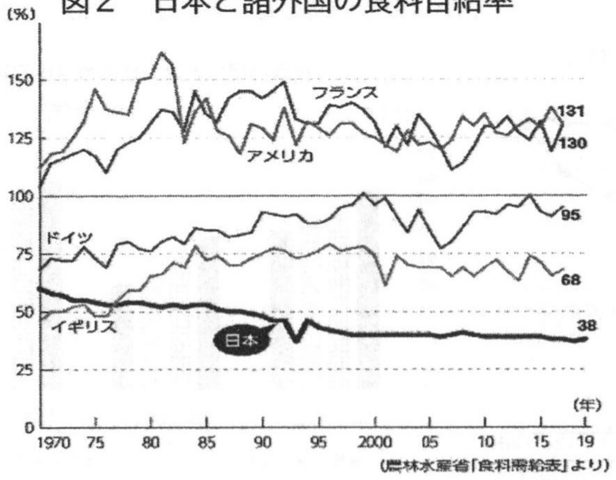

生徒Ｂ　「（ ⑦ ）％です。他の国に比べて、なんでこんなに低いんだろう。」

先生　「なぜ日本は食料自給率が低いのでしょうか。図３や図４を見て、どのようなことが考えられますか？」

図３　日本の供給食料の内訳の推移（一人当たり）

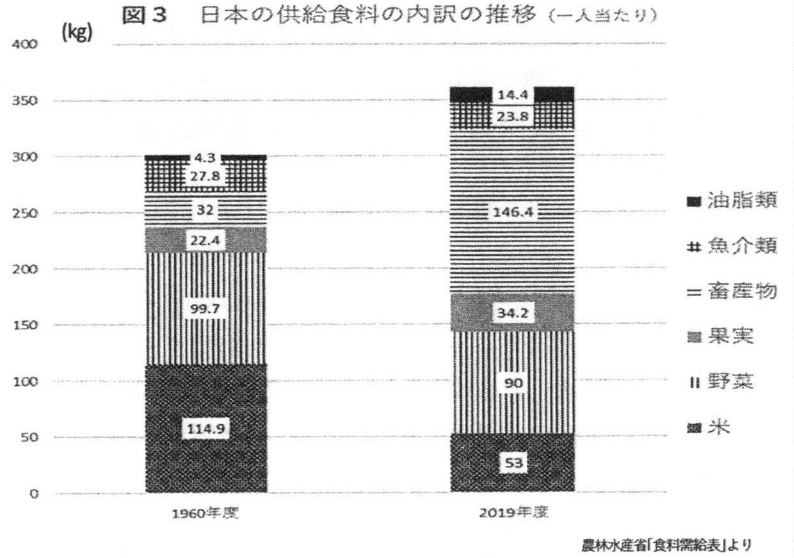

農林水産省「食料需給表」より

図４　日本と諸外国の人口、土地等の状況（2017年度）

	人口（万人）	国土面積（万ha）	森林面積率（%）	1人当たり農地面積（a/人）
アメリカ	32,508	98,315	32	125
フランス	6,484	5,491	31	44
ドイツ	8,266	3,576	32	22
イギリス	6,673	2,436	13	27
日本	12,671	3,780	66	3.5

農林水産省「知ってる？日本の食料事情2020」より

生徒Ｃ　「1960年度は（ ⑧ ）を１番多く食べていたけれど、2019年度には半分以下に減っているよ。その代わり（ ⑨ ）や（ ⑩ ）、果実をたくさん食べるようになったからじゃないかな。」
先生　「食生活が変化したことも１つの理由になりますね。」
生徒Ａ　「それに、日本の（ ⑪ ）は他の国よりもせまいから、生産量や収かく量も少ないんじゃないかな。フランスの（ ⑫ ）は日本の半数くらいだけど、（ ⑪ ）が日本よりとても広いから安い費用で農作物を大量に生産できるんじゃない？」

生徒B　「そうか。日本は（　⑫　）が多くて、他の国に比べて（　⑬　）が大きく占めているから（　⑪　）がせまいんだね。」

先生　「よく気がつきましたね。［　⑭　］とフード・マイレージも大きくなります。では、日本は輸入食料の輸送距離が長くなるのはなぜだかわかりますか？」

生徒C　「日本は島国だからですか？」

先生　「そうです。そのような理由から、輸送距離が長くなりエネルギーをたくさん消費することになるのです。私たちが食べているものを輸入ばかりに頼っていると、異常気象や戦争が起きたときなどには、食料を輸入することは難しくなります。そして、第一に環境に悪いえいきょうを与える生活が続いてしまいますね。⑮私たちにできることは何か、考えてみましょう。日本は本来、四季折々の季節のものを食べることで健康を維持し、豊かな食文化をつくってきました。みなさん、今日は⑯冬至です。昔から冬至の日に（　⑰　）を食べると体が温まり、風邪《かぜ》をひかないと言われていますよ。栄養をしっかりとって寒い冬を乗りこえましょう。」

問７．空らん（　⑦　）にあてはまる数字を、図２より選び、答えなさい。

問８．空らん（　⑧　）～（　⑬　）にあてはまる語を、図３と図４からそれぞれ抜き出し答えなさい。

問９．［　⑭　］にあてはまる文章を次のア～エから１つ選び、記号で答えなさい。

ア．食料自給率が低く、一人当たり農地面積がせまい
イ．食料自給率が低く、人口が少ない
ウ．農家の人々の高齢化により、農作業の機械化をすすめている
エ．食料自給率が低く、たくさんの量の食料を輸入している

問１０．下線部⑮について、日本はフード・マイレージが大きいことをふまえ、私たちにできる食生活での工夫はどのようなことがありますか。具体的に１つ答えなさい。

問１１．下線部⑯の読みを答えなさい。

問１２．空らん（　⑰　）にあてはまる食べものは何ですか。次のア～エから１つ選び、記号で答えなさい。

ア．うなぎ　　イ．かしわもち　　ウ．かぼちゃ　　エ．七草かゆ

解答用紙

二〇二三年度　国語

福岡女学院中学校

受験番号

氏名

※100点満点
（配点非公表）

【一】

問一　A　B　C

問二　㋑　㋺

問三　㋩　㊁

問四　Ⅰ　Ⅱ

問五

問六

問七

問八

問九

【二】

問一　A　B　C

問二

問三

問四

問五

問六

問七

問八

問九

【三】

問一　①　②　③　き　④　⑤　る

問二

問三　①　②

問四　①　②

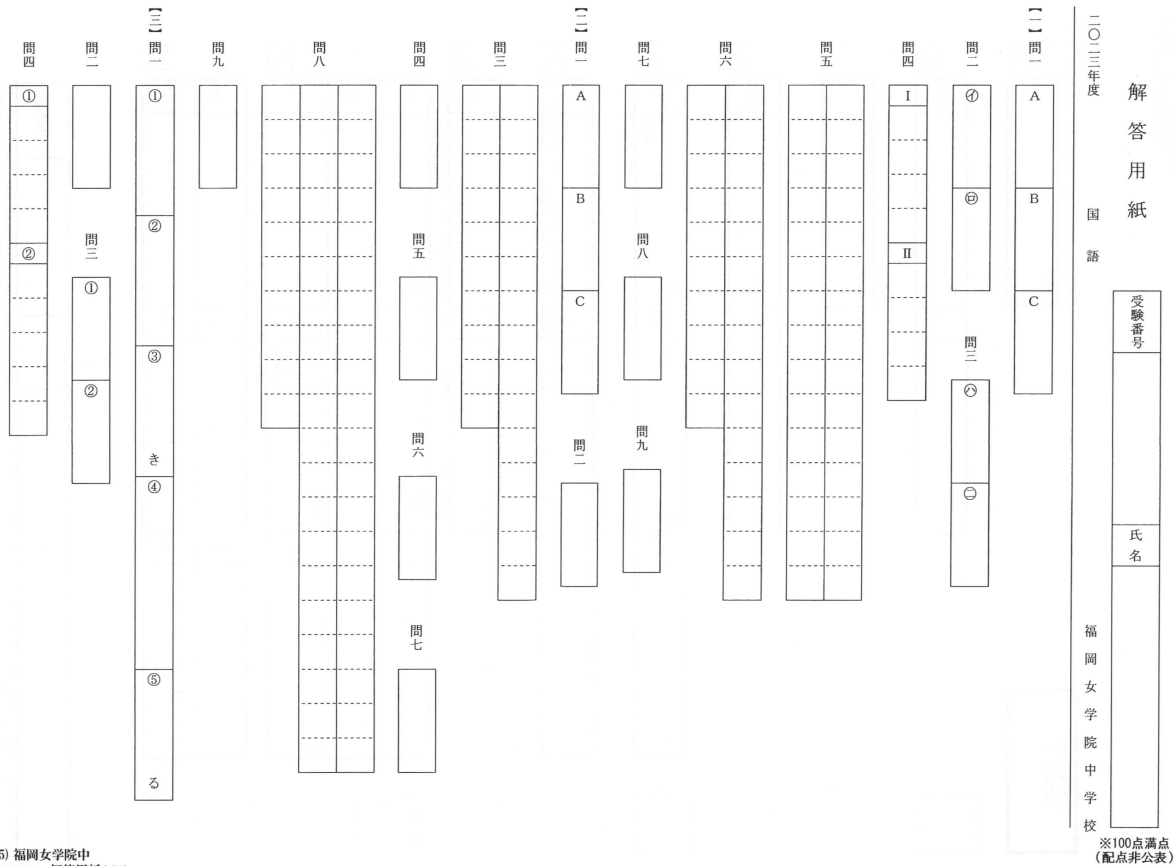

2023年度　算 数　解 答 用 紙　福岡女学院中学校

受験番号		氏 名	

1

(1)		(2)		(3)	
(4)		(5)		(6)	

2

(1)		(2)	時速　km	(3)	円
(4)					
(5)	通り	(6)	cm^2	(7)	$y=$

3

(1)	才	(2)	円

4

(1)		(2)	

5

(1)	分速　m	(2)	m	(3)	分

6

Ⓐあ		Ⓘい	

7

個

8

(1)	cm^3	(2)	cm^3

9

cm^2

※100点満点
（配点非公表）

受験番号		氏名	

2023年度　　英　語　解答用紙　　福岡女学院中学校

1

1.	2.	3.	4.

2

1.	2.	3.	4.

3

1.	2.	3.	4.

4

1.	2.

5

1.	2.

6

1.	2.	3.	4.	5.

7

1.	2.	3.	4.	5.

8

1. (2番目)	(4番目)	2. (2番目)	(4番目)	3. (2番目)	(4番目)	4. (2番目)	(4番目)

9

1.	2.

10

1.	2.

11

問1		問2		問3		問4	

12

問1	1.	2.	問2		問3	

※100点満点
（配点非公表）

2023年度 福岡女学院中学校 1月入試 総合問題
解答用紙

受験番号		氏名	

1

問1	(1) ア	イ	ウ	(2)

(3)	(4)		(5)	問2	(1)	(2)	(3)(ⅰ)	(ⅱ)

(4)	(5)	問3	(1)	(2)	(3)	問4	(1)	(2)

(3)	問5	(1) (a)	(b)	(c)	(2)

(3)																				(4) (ⅰ)

40

(ⅱ)	(ⅲ)	(ⅳ)

2

問1	あ	い	問2	①	②	③

問3	う	え	お	問4		問5	

問6	Ⅰ	Ⅱ	問7		問8	

問9	①	②	③	問10	

問11		問12	

3

問1		問2	%	問3		

問4	(1)	(2)	(3)	問5		問6		問7	

問8	⑧	⑨	⑩
	⑪	⑫	⑬

問9		問10	

問11		問12	

※100点満点
（配点非公表）